親密衝突
不是
是非題

帶我們穿越雷區，
清晰易懂而真實有用的101守則

琳達·布魯
Linda Bloom
查理·布魯
Charlie Bloom
著

吳盈慧
譯

各界好評

這是非常實用的一本好書，查理與琳達歸納整理出一系列工具，可運用於不同的情境。每對伴侶都應該把這本書放在床邊，慢慢咀嚼書中的內容，直到完全內化為止。

——**哈維爾．韓瑞斯（Harville Hendrix）博士與海倫．雷克莉．亨特（Helen LaKelly Hunt）博士**，合著有《相愛一生：談夫妻相處之道》（*Getting the Love You Want: A Guide for Couples and Making Marriage Simple*）

每對伴侶都會遭遇掙扎與爭論的時候，而經營成功的伴侶知道該怎樣好好爭論，以及修復衝突。琳達與查理果真是這世界上最棒的嚮導，帶領大家穿越愛與承諾的地雷區。這本書可以引導讀者同時邁入更濃厚的愛意與更豐富的生活。

——**道格．亞伯蘭斯（Doug Abrams）**，合著有《喜樂與盼望之書》（*The Book of*

Joy and The Book of Hope）

琳達與查理看透了人際關係裡的各種互動，這一點閃耀呈現在書中的每一頁。本書充滿理性與智慧，帶領讀者面對與處理在愛的關係裡必然會浮現的衝突議題。作者布魯夫妻深信，每個人皆可使用優雅、有效的方式來化解衝突，還提出了令人信服的顛覆觀點，即人際關係中避不掉的衝突是一道選擇而非必然。本書探討的內容，詳盡徹底又真誠，相信讀者必能從中獲益。

——**格雷格．勒沃伊（Gregg Levoy）**，著有《使命：真實生活的追尋》（*Callings: Finding and Following an Authentic Life*）、《生命徵象：熱情的本質與培養》（*Vital Signs: The Nature and Nurture of Passion*）

本書的標題也可以是「你想要瞭解的關於衝突的一切」，書中內容幾乎涵蓋了所有對衝突議題感興趣的人所需知道的最佳實踐與想法。書中的智慧妙語不僅能提供給伴侶，也可以獻給父母、老師、朋友、商業夥伴，以及團隊與組織。

——蘇珊．坎貝爾（Susan Campbell）博士，著有《伴侶的旅程》（*The Couples Journey*）、《變得真實》（*Getting Real*）、《五分鐘修復人際關係》（*Five-Minute Relationship Repair*）

四十年來，我們合作過的伴侶個案中，「沒有能力解決衝突」正是伴侶無法繼續走下去的其中一項主因。若你願意捲起袖子，著手開始做一些非常重要的工作，那麼請仔細閱讀這一本書。本書可以挽救你的婚姻！此外，想要以健康的方式處理衝突議題的人，更應該閱讀本書。

——貝瑞．維塞爾（Barry Vissell）醫學博士與喬伊斯．維塞爾（Joyce Vissell）註冊護士、理科碩士，合著有《共享一顆心》（*The Shared Heart*）

琳達與查理的闡釋說明，既全面又詳盡，說明了如何轉化因差異而起的衝突，把痛苦的疏離轉變為相互感謝、自我感激，以及親密的情感。這本書所提供的工具，有助於正向連結關係，同時也收錄了許多人的故事，可以看到許多伴侶最後都是以敞開心胸、展現脆弱面、坦誠相見的方式，取代責難與羞辱行為。

——**馬西婭．娜奧米．伯傑（Marcia Naomi Berger）臨床社工**，著有《愛的週會：一週三十分鐘，讓婚姻永保新鮮》（*Marriage Meetings for Lasting Love: 30 Minutes a Week to the Relationship You've Always Wanted*）

琳達與查理的這本最新著作，收錄了一〇一條友善且實用的至理名言，全是給讀者領路的智慧之語。如果你想要擁有一本講述如何管理衝突和避免發生衝突的手冊，必定會覺得這本書非常有助益。不只是個人的親密關係，凡是人際關係出現歧異，本書皆可以派上用場。布魯夫妻結婚五十年，在婚後也從事婚姻諮商超過四十年的時間，因此，針對經營有所承諾的伴侶關係而言，兩人付出了相當多，同時把多年累積下來的睿智觀察與經驗集結在本書中，除了提倡要接納各種人際關係中無可避免的差異性，也鼓勵讀者要欣賞這些美好的不同之處。琳達與查理闡述的內容，皆是兩人親身走過的道路，並體現在本書每一頁的內容裡！

——**肯恩．戴特沃德（Ken Dychtwald）**，著有《身心合一：探索肢體心靈的奧

妙互動》（*Bodymind*）

馬蒂・迪特瓦（Maddy Dychtwald），著有《循環：我們生活、工作、購物的方式》（*Cycles: How We Live, Work and Buy*）

這本書成功地把布魯夫妻擠進頂尖婚姻專家的行列，與知名兩性專家高特曼（Gottman）和韓瑞斯（Hendrix）等人齊名。凡是想要挖掘婚姻無法正常運作的原因，並想要把婚姻轉化為平靜、充滿同理心的對話，那麼一定要擁有這一本書。

——**依拉・以瑟瑞（Ira Israel）**，著有《長大成人的你如何從童年遭遇中倖存》（*How to Survive Your Childhood Now that You're an Adult*）

想要管理、解決及避免衝突的話，讀者需要的終極手冊就是這本書了。對於曾在親密關係中，因差異性未能獲得解決而感到痛苦無助的人，琳達與查理的這本書提供了極佳的指引，可說是在絕望中帶來希望，協助迷失的我們重新找回深刻的愛。

——**莎潔・拉文（Sage Lavine）**，著有《女性搖滾商場》（*Women Rocking Business*）

布魯夫妻又寫出了精彩絕倫的作品！本書中滿是取得不易的智慧，透徹又精煉，每一頁的內容都讓我們有機會可以反思自身的人際關係，好讓每一段關係可以帶來更豐富、更有深度、更加喜樂的連結。

——**約翰·阿莫德奧（John Amodeo）**，著有《與火共舞：前往戀愛關係的正念之道》（*Dancing with Fire: A Mindful Way to Loving Relationships*）

這本書收納了許多深刻的見解，闡述如何預防爭論到失控的地步，並讓爭論成為具有建設性的溝通。布魯夫妻以極為簡單的方式，分享兩人得來不易的敏銳洞察，揭露真正有效的作法。

——**詹姆斯·克雷頓（James Creighton）**，著有《因差異而相愛》（*Loving Through Your Differences*）

我特別欣賞這本書的一點，是兩位作者在每一頁中所展現出來的真誠與同情之心。顯然，作者致力於協助讀者瞭解自己與他人，學習取得自己所想要的親密與連結關係，減少苦難，打造更具有同理心的世界。此外，我也相當欣賞作者的書寫方式，清晰、易懂（實在難得！），當然，我也很佩服兩人所分享的各種智慧。

——**梅蘭妮．喬伊（Melanie Joy）**，著有《讓人際關係變好》（*Getting Relationship Right*）

這是一本精彩的絕妙好書，作者是兩位經驗豐富的專業伴侶諮商師。書中內容都是兩人的親身實例，以及大量實用的見識與觀點，十分精彩。無論有沒有結婚，凡是想要學習經營關係，或是改善既有人際關係的讀者，這本書肯定是必讀之作。

——**約翰．傑卡布（John W. Jacobs）醫學博士**，著有《愛就是一切》（*All You Need Is Love*）

講述關於人際關係的書籍非常多，而琳達與查理所撰寫的作品中（包含本書在內），其特殊之處在於融合了兩人獲取的精闢見解與親身經歷。由於自身故事的緣故，所以兩人提出的豐沛建議，不僅十分人性化，可信度也很高。這是一本寫得極好、非常有同理心的書籍，值得每對伴侶花時間閱讀。

——**大衛・克恩斯（David Kerns）**，著有《麥斯威爾街的十四天》（*Fortnight on Maxwell Street*）和《關懷準則》（*Standard of Care*）

布魯夫妻的這本最新著作，審視了人與人之間的衝突，提出甚為透徹、精湛的見解，而且用字遣詞簡單明瞭，也避開了心理學的術語和理論，讀來尤其耳目一新。從書中的內容，可以看到只有數十年來皆願意保持耐性且真心投入的伴侶，才能挖掘並取得的寶貴真理。若伴侶想要避開行走痛苦的長路，並抵達成熟、滿意的關係，這將是盡美盡善的一本好書。

——**唐・羅森塔爾（Don Rosenthal）**，合著有《學習愛》（*Learning to Love*）

琳達與查理在最新作品裡，集結了兩人從專業諮商和人生經歷所取得的寶貴教訓，提供了實用建議與精闢見解，讓每位讀者皆收穫滿滿。本書匯集了各種工具、策略與技巧，可用來應對挑戰，以嶄新的視角強化人際關係。本書肯定可以帶領讀者，邁向更為充實、恆久、豐富的人際關係。

——**布瑞德・肯恩**（**Brad Kane**），著有《民粹怒火》（*Pitchfork Populism*）

這是一本優雅易讀的好書，指引你把自己最棒、最有愛、最謙卑的一面，帶給自己珍愛的對象與人際關係。

——**肯・德魯克博士**（**Ken Druck**），著有《勇敢面對衰老》（*Courageous Aging*）

琳達與查理終結了爭論，本書開拓了我們的視野與想法，在支離破碎的現今世界裡顯得格外重要。

——**朵娜・馬可娃博士**（**Dawna Markova**），著有《協作智慧：與不同想法的人共同成長》（*Collaborative Intelligence: Thinking with People Who Think Differently*）

多年以來，琳達與查理一直都在協助伴侶解決難題，兩人累積了大量關於成功解決衝突的知識，並將這些知識提煉到書本裡，因此我全力推薦這本書！書中的寫作方式生動且易懂，內容全是值得反覆挖掘的黃金智慧。

——**路易士．恩格博士（Lewis Engel）**，合著有《幻想的罪行：為何要自我懲罰？又該如何擺脫？》（*Imaginary Crimes: Why We Punish Yourself and How to Stop*）

琳達與查理的這本最新著作有著深入的觀察，還提供了各種洞見、策略、真摯的建議和智慧。不論你是剛開始經營一段關係，還是跟琳達與查理一樣有位相處超過五十年的伴侶，本書皆可為大家帶來希望與啟發。

——**芮妮．杜魯道（Renee Trudeau）**，著有《母親的自我重建指南》（*The Mother's Guide to Self-Renewal*）

琳達與查理在這本最新著作裡，仔細分析了人際關係裡常見的絆腳石，例如：閃躲衝突、追求／拉開距離的行為模式、未解議題的影響。不僅可以幫助奮鬥中的讀者一臂之力，更可以讓讀者在差異性之中成長茁壯，書中的每一頁都充滿了寶貴的資訊，因此本書勢必成為讀者臥房書架上的常備好書。

——**迪娜・吉爾伯特森（Tina Gilbertson）**，著有《找回與成年子女的情感聯繫》（*Reconnecting with Your Estranged Adult Child*）

琳達與查理創作了這一本恆久實用的衝突指南手冊，每一頁的內容皆是智慧寶物，可帶領讀者學習面對無法避免的衝突事件，那麼何必要深陷痛苦之中呢？就讓查理與琳達為你點亮道路吧！

——**埃琳・巴德博士（Ellyn Bader）**，著有《誠實相待：面對實情，打造有愛的婚姻》（*Tell Me No Lies: How to Face the Truth and Build a Loving Marriage*）

想像你得在黑暗中走過地雷區……但現在，你可以先打開燈了，因為琳達與查理已經幫你解開一〇一顆地雷的開關，所以你在進入地雷區之前，肯定會想要先好好瞭解一下這些地雷。我非常喜歡這本書，因為它提供了實用的工具和符合現實的洞見，能讓人際關係持久又深具意義。琳達與查理這次出了一本有一〇一條戒律的聖經寶典，違反戒律就得承受後果，而遵守戒律就可以立即嚐到天堂的滋味。

——**安迪・夏勒夫（Andy Chaleff）**，著有《最後的信》（*The Last Letter*）、《受創傷的療癒者》（*The Wounded Healer*）

這是一本深入探討人際關係的書，強調非敵對態度正是有效溝通的序曲。或許，對於深陷困境之中的伴侶來說，首條基本建議就是：「停！冷靜下來，整理好情緒之後，再展開對話。」

——**希薇雅・布爾斯坦（Sylvia Boorstein）博士**，靈石靜心中心（Spirit Rock Meditation Center）聯合創辦人、著有《幸福來自內心：實踐快樂人生》（*Happiness is an Inside Job: Practicing for a Joyful Life*）

強效藥就在這裡！本書可以拓展讀者的理解範疇，給予支持且溫柔的指引，並以熟練的方式激勵讀者要在愛中成長，更提供了一〇一種聰明有益的作法！

——**傑克・康菲爾德（Jack Kornfield）博士**，著有《踏上心靈幽徑》（*A Path with Heart*）

這是布魯夫妻的最新著作，兩人不只是活出書名的模樣，還提供了寶貴的見解，指引讀者走出難以避免的差異性，因為這些差異不只會出現在有所承諾的伴侶關係裡，也存在於各種人際關係之中。若你曾希望有一本指導手冊，幫助自己避開煎熬的人際衝突，或是有效修補衝突問題，那麼這本書正是你一直在等的那一本！

——**瑪格麗特．保羅（Margaret Paul）**，著有《內心連結》（*Inner Bonding*）

本書獻給我們的孩子——傑西（Jesse）、莎拉（Sarah）和艾本（Eben），
以及我們的孫子——戴文（Devin）、阿瑟頓（Ashton）和塞斯（Seth），
謝謝你們，也謝謝你們給予我們的一切，以及教會我們的事。

目次 Contents

前言 Introduction

親密關係涉及兩種看似矛盾的力量：

一、共同點

二、不同的觀點

第一道力量，與共有的價值觀、想法、取向有關，可以促進安全感與連結關係，第二道力量是關於擴充個人對可能性的感知力，可以增進自身的成長與發展。當我們同時察覺到有機會獲取安全感與成長，就會被對方吸引，而當這些需求被填滿，並且雙方都感到滿意，兩人關係的品質就會是相互感到滿足的狀態。倘若雙方沒有獲得滿足，等式不復存在，此時的情況就大不相同了。一旦出現不平衡，兩人關係就會有變得不穩定的風險，這時往往最有可能發生爭論。

我們使用「爭論」（argument）一詞，乃是指稱某一種特定的交流方式，也就是兩人意見不同，且其中一方的主要意圖是脅迫對方按照自己的期望去做事、說話、感覺、思考，以便滿足自身當下的需求。當雙方都是以這個意圖為出發點，就會形成一道不斷自行強化的循環，兩人會越來越對立，還會感到痛苦、受到威脅。若置之不理的話，在惡性循環之下將導致雙方越來越痛苦，直到敵意停止，但它通常只是短暫性消失，期間還伴隨著不快的感受。這個過程所引發的受傷、害怕、憤怒、痛苦感受，並不會自行消散，而是會潛藏在身心靈裡，直到有一天類似的狀況發生時，便會被喚醒，隨即再次上演同樣的循環。

因此，當談到爭論時，這就是我們所指的狀況。儘管一段人際關係裡，勢必會出現不同的想法、喜好、意圖、願望、觀點，但面對差異之處，倒是可以運用那些不會讓兩人關係滑落的方式來回應。

在有所承諾的伴侶關係中，有高潮，也有低潮。過來人都知道，只要堅持夠久，那麼必然有機會體驗到這兩個極端。天地為證，我們倆五十多年來的相處時光裡，有快樂，更有悲傷，也走了該走的道路。我們的個性很不一樣，但這些年來我們學到的許多事情裡，其中一樣就是**吸引力的產生是源自於差異性，而不是相似點**。

依據我們的觀察，大多數的伴侶身上也都有這樣的現象。因此，親密關係有時看起來最好的狀況就是「充滿挑戰」，而最糟的時候就成了「天方夜譚」。我們遇到的困難，有許多都與自身的想法和過往故事有關，再加上剛開始交往時，我們才二十一歲，而且各自的原生家庭都沒有立下解決衝突的好典範。

琳達的經驗談

雖然大多數伴侶都可以互補差異之處，但我們倆怎麼看都是非常極端的例子，各自代表著光譜上的兩個極端：我很注重細節，查理只要差不多就好；我贊成嚴格的育兒方式，但查理不贊成這麼做；我很外向、樂於社交，而查理算是比較內向的人；我習慣早睡，而查理喜歡熬夜；我喜歡提早幾個小時抵達機場，但查理連等十五分鐘都無法接受；我認為凡事者都要規畫和事先準備，但查理覺得隨性就好；遇到壓力時，我會想要找人聊聊，但查理偏好獨處；教學的時候，我會做好筆記，但查理是想到什麼說什麼，這份清單還可以繼續寫下去，但讀者應該知道我的意思了。在賭城負責設定賠率的人，應該會認為我們約有千分之一的機率可以交往五十週，但五十年就別想了！

剛結婚的頭幾年，我們完全不知道該如何處理彼此之間的分歧，有非常多的時間都是在衝突或是逃避之中度過。不過，我們會一直遇到麻煩的原因，不在於兩人的差異性，而是我們面對差異時的反應。就跟許多伴侶一樣，我們曾試著改變對方或是改變自己，以利消除彼此的差異。「讓我們的個性更像一點，就可以消滅衝突的來源」這個想法在當時看起來很棒，但最後我們發現這一招完全不管用，反而會引發更多摩擦，包含在兩人之間以及自己內心裡的各種衝突和摩擦。

當然，我們的關係可不是只有痛苦與折騰，要是只有這些東西的話，我們可能無法還在一起。從我們當初剛交往的那幾天開始，一直都有一道深深的愛意連結，支撐著我們走過一次又一次的磨難、權力拉扯、失望。我們是伴侶、是家人，共享各種彼此都感到喜樂、深刻滿足的經歷。

即便是關係最堅固的伴侶，也免不了要面對無休止的拉扯所帶來的苦難。就我們倆來說，轉折點落在結婚十五年的時候，各種衝突與挫折讓我們疲憊不堪，所以都在認真思考是否值得繼續下去。雖然我們都非常想要保住這段婚姻和家庭，但要處理彼此的差異性，實在是難以對付，壓力太大了。

我們可以明白，為何有些彼此相愛的伴侶會選擇離婚。就我們而言，接受離婚是一個令人傷心但又可以帶來解脫的選項。當我們快要失去這段婚姻時，在覺得無比悲痛之餘，也覺得這幾年以來的折騰好像總算要結束了，可以鬆一口氣。

幸運的是，實際面對離婚這件事時，我們都意識到即將要失去的一切，也明白兩人都是真心想要保住這段婚姻。我們肯定有其他可行的方法能選擇，就是這份覺悟幫助我們從忍讓彼此的差異，轉變成欣賞彼此的不同。

「消滅彼此的差異性」這招沒有奏效，所以我們試著找出隱藏在差異性之中的禮物。至少在理智上，我們都知道是彼此的差異性把兩人拉在一起，讓我們相互吸引。

不過，差異性也成為觸發彼此防衛模式的主因，然後防衛行為勢必會引發衝突。

這時，我們的挑戰是試著不去改變自己或對方，而是要尊重各自的獨特性，同時還要強化這份兩人之間的尊重關係。學習把彼此的差異性視為更愛對方的方法，而不是得要克服的難題之後，我們的關係徹底改變，乃至於與我們生命中其他對象的關係也轉變了。從合作過的伴侶個案身上，我們發現，這樣的作法的確需要付出努力且刻意為之，但只要下定決心，就會漸漸變得沒那麼困難，也會比較自然。

這段理解和療癒的經歷，把我們的關係形塑成今日的寶藏。這段婚姻差點就沒了，但我們學會真正彼此關心和欣賞，要是當初我們真的離婚，就沒有機會體驗到這個部分。我們一直懷抱著深深的感激，直到現在都不認為這段關係是理所當然。

我們是兩個普通人，結合好運、好的幫助、努力付出、承諾、堅信共有的目標，總算克服了婚姻裡的各個難關，也學會從經驗裡去成長。

正是因為這些磨難，我們才發現刻意為之的力量所帶來的信心，可以療癒傷痛的過往，最終無論是個人，還是兩個人，都可以變得更強大。在整個過程中，我們所獲得的大禮之一，就是與其他人分享我們領會到的智慧，幫助對方好好應對或是避免做出我們曾犯下的過錯，同時也要修復那些難以避免的失誤作為。

已故心靈導師史蒂芬．雷凡（Stephen Levine）是《擁抱摯愛》（*Embracing the Beloved*）的共同作者，他把婚姻形容為「終極危險的運動」，並指出：「比起在山洞裡打坐一整年，維持一段關係一週後，學到的東西還比較多。」我們曾經冥想、靜坐，也結了婚，所以非常同意這一句話。對婚姻來說，展開自我認識，既是一個方法，也是一份禮物，卻是件簡單卻未必容易的事。

雖然我們自己在婚姻裡茁壯成長，但也承認結婚並不適合每個人。有些人並不想要一段有所承諾的長期伴侶關係，而且十分滿意一個人的生活，我們對此非常尊重也很支持。然而，有些人選擇不結婚，原因是害怕自己還沒有從過往人際關係所造成的傷害中恢復，其中有些創傷還可以追溯到童年時期。他們自認為受到的打擊太大，無法與另一個人建立健康的關係，但我們對此持強烈反對意見。

另外，人們會選擇走上有所承諾的伴侶關係，各有各的理由，但許多人都是無意識卻仍然強制地這麼做。本書涵蓋了大多數伴侶會遭遇的部分困難與挑戰，但目的不是為了呈現對親密關係的樂天派想法，也不是要提供理想化的見解，而是希望呈現真實的觀點，希望可以鼓勵讀者鍛鍊一下「致力投入」的肌群。

大多數的伴侶在一開始並沒有具備美好親密關係所需要的知識、技能、力量與成熟特質，比較多的情況都是邊做邊學。許多人認為，個人的過往、教育程度等，都會影響有所承諾的伴侶關係，但這些條件未必能準確預測一段關係的成功與否。唯有待在有所承諾的環境裡，才能鍛鍊出讓親密關係茁壯發展的必要特質。

我們認為，以下是需要具備的重要特質：

・慷慨
・謙卑
・責任心
・正直
・幽默感
・脆弱面
・誠實

- 同理心
- 勇氣
- 自我信任
- 冒險精神
- 耐心

接下來，讀者可以自行決定，是否要爭取隱藏在有所承諾的伴侶關係裡的那份美好寶藏了。倘若你下定決心要爭取，那麼在這個過程有一項必要的技能，那就是有效處理關係裡的各種差異性，我們撰寫這本書的目的，就是希望可以幫助讀者做到這一點，但後續的發展就看讀者打算怎麼做了。

1 差異無可避免，爭論衝突卻可以

談到人與人之間的關係，個別的差異是無可避免的，但衝突卻是可以選擇的。真正的問題在於，在一段人際關係中遇到信念、喜好，甚至是價值觀不同的時候，我們該如何避免發生衝突。

差異性，不只是必定會存在，更是點燃吸引力的「化學作用」之必要條件。我們不會被跟自己相似的人所吸引，因為這類人無法在學習、療癒和個人成長方面，提供什麼協助。而且，比起沒有相同個性特質的人，那些跟我們相似的人不是那麼有趣。縱然大家都想要熟悉度與可預測性，但是好事太多也可能會產生無聊與停滯，甚至是埋怨。為了讓一段關係發展出最大的潛力，勢必要同時挑戰差異性和擁抱舒適度，既有挑釁又是支柱，既活躍多變卻又讓人安心。

在這些經歷裡，差異性成了催化劑，但當雙方企圖強迫對方接受自己的觀點時，可能就會轉變成爭論。若不處理爭論，一次不算嚴重的意見分歧可能就會損害關係，而其造成的傷害不會自動消失，而是往內心深處去，默默開始滋長不信任感。然而，藉由操縱手段來脅迫他人點頭接受，也只會讓問題變得更大；在此處列舉幾種操縱手段，包括恐嚇、威脅（直接或間接）、命令、吼叫、冷戰、責備、打斷談話、情緒勒索、過度理性、羞辱等。

幾乎每種脅迫手段裡皆藏有恐懼，而恐懼通常是在表明，若另一半的意願勝出，那麼就得擔心這次互動的結果，將會讓自己失去愛、權力、尊重或掌控力道。此外，恐懼也可能是關於預期會失去保護，進而容易遭遇懲罰、拒絕和傷害。

面對這種威脅時，可能會勾出更多各式各樣的恐懼，喚起失去或創傷的過往記憶。因為在這些早期的經歷裡，我們都學會了保護機制，為的就是希望可以預防在未來遭逢苦痛。爭論所付出的力氣，代表雙方為了保護自己，想要避免被控制和被利用的可能性，而且通常是這樣想的：「只要我不同意你的看法，就能縮小或是移除被傷害的可能性，也更有可能讓你同意我的想法。」

俗話說得好：「要有兩個人才能跳探戈。」你可曾見過一個人跳探戈的？可能沒有，也不太可能就是了。同樣地，你也不太可能看到只有一個人的吵架。避免爭論的簡單解決辦法是：「不要反駁。」這個解決辦法的問題在於，當親近的人試圖把我們的觀點轉變成我們不認同的看法時，我們大多都會反駁。

只是閉上嘴巴，通常不會被看成是在強力聲明自己的想法，這也帶出一道疑問：「為何聲明、宣告你與我的看法不同，如此重要？」

假若我們沒有明確表示自己不認同對方，那麼我們可能得擔心對方把我們的沉默不語視為同意，而且要是對方繼續這麼認為的話，很可能會造成不堪的後果。然而，與他人爭論想法的話，也代表著彼此的相互理解可能消失了。唯有當談話的意圖從防衛性攻守轉變為敞開溝通，才有可能避免爭論。

多數人已經習慣如此滑坡而下，很難想像可以在沒有爭論的情況下，擁有不同的看法。然而，要是你抱持這種想法，等於是給自己一個會自我應驗的預言（self-fulfilling prophecy），那麼爭論就更避免不了了。在這種情況下，我們就不會有動力去培養「有意識的對話」（conscious dialogue）所需的技能。然而，我們的親身經歷已經證實了，

「不爭論且擁有不同的想法」是有可能的。

敞開地溝通，意味著願意展現脆弱面，而這等於是在要求解除防衛性攻防所提供的情緒保護。放下防衛行為，總是會讓人感到很危險。然而，這股脆弱正是打破彼此相互防衛所造成的僵局之關鍵，這就是矛盾的地方了。

脆弱感鮮少讓人感到自在，卻是一種可以藉由後天養成且愛上的體驗。倘若人們願意展現脆弱面，那麼在大多數情況之下都可以避開衝突。如果你覺得這件事說來容易、做來困難的話，那麼真是對極了！不過，「困難」與「不可能」的差距是很大的。若你已經準備迎接這項挑戰的話，那就先對你說聲恭喜了！

2

熟練未必生巧，但肯定有幫助

想要熟練地掌握任何一種事物，勢必得培養出色且精湛的所需技能。一般的準則包含（但不侷限於）下列項目：

- 實踐練習
- 致力投入
- 學習
- 訓練
- 實踐練習
- 技術性引導

- 實踐練習
- 安排優先順序
- 喔，我們提到實踐練習了嗎？

倘若你不熟悉「實踐練習」（practice）這個詞彙，以下是韋氏（Webster）字典提供的定義：「為了獲取或維持某項活動或技能的熟練程度，進而重複練習或實踐。」此處的關鍵詞是「重複」，為了養成某項生活領域裡的技能，我們需要實踐與練習。閱讀書籍和參加工作坊肯定會有幫助，但比不上實際進入一段關係，直接面對其所帶來的挑戰。

俗話說「熟能生巧」，但多數情況都不是這樣。即便在旁人看起來很完美，但深具天賦的音樂家、醫師、作家、演員，以及各領域的傑出人士，卻很少認為自己的表現完美無瑕。

在培養任何一種新技能的過程中，皆關係到反覆的邁步前進與往後滑落，此時，我們就得發揮耐心了。假若你期望有一條穩健的道路，可以直接通往熟練的境界，那麼很可能要失望了，而且你到最後還可能索性停止實踐與練習。儘管大多數人比較希望可以完全避開衝突，但這個可能性非常低。因此，在差異性轉變成具殺傷力的較量之前，學會處理差異性應該會是個好主意。

我們無法一直理解當下的狀況，也無法一直保有意識和集中注意力，但可以學習在偏離軌道時，如何趕緊回到正軌，而且，回復的速度將會非常快，除了自己以外的其他人都不會發現我們一度偏離了軌道。不過，這是需要練習的，也就是說，我們必須願意體驗被扔出軌道的感覺，但不是像練武術那樣身體被扔出去，而是情緒失去平衡時，丟失了內在核心。因此，每次因爭論而「偏離軌道」時，就代表了另一個練習回歸正軌的機會。

只要我們摒棄舊習慣，不再以防衛性或攻擊性來回應，回到正軌的速度就會變快，花費的氣力也會變小，而新設定的作法會是想要……

- 感受情緒被觸發。
- 呼吸。

・識別感受。
・花點時間停下來反思。
・與另一半溝通自己的感受
・重複這個過程，直到自己感覺較為完整或是需要休息時才停止。

每個人偶爾都會遇到被誤解的情況，但未必一定會脫離軌道。即便我們脫軌了，也可以藉由專注思考自己可以做些什麼，來回歸正軌，而不是想著其他人做了什麼，害我們的內心被丟失。一旦意識到我們在這個過程中可以發揮作用，而不只是無助的受害者，就產生了重大轉折。當我們藉由智性和自身經驗看清這一點之後，就很難再回到從前了。不過，為何你會想要回到從前那樣的狀態呢？

3 關係破裂可能躲不掉，別否認

「關係破裂」是指一段關係被意外打斷，導致雙方或一方感到憤怒、失望、受傷，或是某程度上的不完整，通常還會牽連到違反諾言、撒謊、背叛、誤解。

經歷關係破裂的可能性有多大？因為我們是人類，所以可能性大約是一〇〇％。既然躲不掉，那麼合理的策略就是學習處理破裂的關係。然而，許多人卻想要相信自己是這條規則的例外狀況，並透過否認差異性來迴避關係破裂的問題，但這麼做只是在往後推延關係破裂的時間點。

另一種策略是揪出錯誤，但這會造成責備與防衛的循環。雖然不滿可當作「證據」，證實另一半有懲罰性意圖（punitive intentions），但對方可能也想列舉同樣的證據。人們會這麼做，可能是出於恐懼，試圖保護自己避免遭遇所感知到的威脅。

能否把關係破裂轉化為突破，取決於以「學習意圖」取代「保護意圖」的能力，藉此揭露有待解決的不信任範疇，以利修復良好的信任關係。我們可以試想一下查德和蕾絲莉所遇到的關係破裂議題。

查德和蕾絲莉拿到了當地公共電視臺參與名人錄影的門票，錄影當天的早上，蕾絲莉都在開會，但心裡很清楚，要在指定的下午兩點前趕到攝影棚，時間相當緊湊。蕾絲莉規畫了出發時間，但沒聽到查德說需要額外的時間找停車位。兩人被困在忙亂的車陣裡，整段車程都很緊張，心裡擔憂著會遲到。他們花了一番功夫才找到電視臺的所在地，接著又花了很多時間找停車位。蕾絲莉要求查德先放自己在電視臺附近下車，但查德拒絕了，表示那一帶很不安全。好不容易找到停車位之後，他們一路奔跑到攝影棚，但還是晚了三分鐘，攝影棚的大門剛剛關上了。

> 蕾絲莉：我們的感覺都很差！查德不讓我下車時，我很氣他保護過度，但我忍下了想要破口大罵的衝動。同時，我也因為晚出門而感到內疚，害查德錯

過了對他來說很重要的活動，所以我很怕他會責怪我。

查　德：這種關係破裂的情況在以前會引發一場激烈爭論，甚至會連續吵上好幾天。不過，當時我們在練習用責任取代責備，我也在學習自我克制，抑制怒氣爆發。在接下來的幾個小時裡，我們就一起處理失望引發的各種問題。

蕾絲莉：我們都清楚，如果一起事件能觸發如此深層的情緒感受，那麼其中一定還有很多原因。

查　德：我拒絕讓蕾絲莉自己一個人待在市中心，我們針對這一點花了兩小時討論。我發現，自從去年孩子出生後，我的態度就轉變了，我覺得自己現在比較有保護欲。

蕾絲莉：我意識到一些自己成為母親後的複雜情緒，一方面我很享受被寵愛，但另一方面又很討厭被當作弱者看待。

查　德：直到關係破裂，我們才意識到很多以前沒察覺到的情緒感受。敞開心扉面對這些情緒非常不容易，但這次經歷讓我們感覺彼此更親近了。

查德和蕾絲莉的這場意外是個範例，說明了當你渴望的是建立關係而非保護心態、學習而非操控，那麼本來可能會是一場災難的處境，也能成為一樁好事。這個例子中的破裂情況相對輕微，但有些破裂問題會嚴重許多，或許得花費更長的時間才能修復。然而，不論破裂的程度有多微小，總是有機會可以先練習處理小問題，如此一來，當有更大的考驗來臨時，我們就有更熟稔的處理能力來面對了。

處理破裂關係猶如從事偵探工作，要尋找線索、揭開藏在關係表層底下的狀況，目的不是要細究對方的「不當行為」，而是找出引發情緒反應的原因並處理它。危機越大，挑戰就越大，但成長的機會也更大。嚴重的關係破裂會動搖一段關係，也可能破壞自己所熟悉的生活方式。不過，若我們的態度是看重學習，而非輸贏，那麼在這條難以避免的崎嶇道路上，我們的關係不僅能倖存下來，還會變得更能相互滿足對方。

4

把渴望轉化為意圖

英文單字「intention」源自於拉丁文「intendere」，原意是指「向外延伸」，也是驅使我們邁向心中渴望之成果的能量來源。「渴望」與「意圖」之間有著很大的區別，渴望是渴求某件事、某個人，或是特定的某項經歷；而意圖則是關乎心思意念所關注的目的。渴望主要是一種感受，而意圖不只在這股感受上注入力道，還要致力投入並採取必要行動，來實現這股渴望。

對於曾經實現渴望的人來說，不會覺得這種區別很奇怪。意圖往往是要我們向外延伸極限，有時甚至感覺像是來到了臨界點。然而，我們的渴望大多仍只是渴望，這是因為要添加「致力投入」的元素，等於在要求自己得願意向外延伸，踏出舒適圈的邊界，並冒著那些我們本來會試圖躲避的風險。意圖與特殊經歷有關，也就是特殊經歷裡的渴望，強烈到我們被迫使出全身的氣力來實現目的。

值得留意的是，談到向外延伸自我的必要性，以及願意「施展最大努力」時，字典裡使用的字是「stretch」（延伸），而不是「move」（移動）。「致力投入」所添加進來的是關鍵因素，它能夠驅動能量來實現所渴望的成果；而「致力投入」也是一種態度，可以讓決心具體化，並實現特定的目標。

無論選擇致力投入的原因為何，甚至也不用管致力投入是否為有意識之下所做出的選項，比起沒有意圖，當我們抱持著意圖行事時，由於我們投入更多精力在實現的過程裡，所渴望的成果就比較有可能實現。

那麼，我們的致力投入會有多深，取決於什麼呢？這與那件事對自己的重要性有關，也就是我們對於達到目標可以改善生活品質的相信程度。假使我們懷疑達成目標的實際可行性，或者甚至質疑自己是否有可能做到，那麼，就不太會向外延伸朝目標去努力。事實上，我們渴求的成果甚至沒有進到自己的目標範疇，依舊是個不會實現的幻想。

有些人未能成功建立起一段真正有意義的人際關係，而其遇到的最大阻礙就是認為「抱持高遠的期望是不切實際的」。這類人相信，只要沒有遠大的期望，就能避免失敗或失望，而伴隨其中的正是缺乏了渴望被實現的成功經驗。縱然否定自己真心所想要的，看起來可以保護自我免於遭受這些情緒感受的影響，也給自己一個留在舒適圈裡的好理由，卻得為「舒適」付出高昂的代價。降低期望會帶來自我應驗的預言，最終勢必會相信自己注定要在沒有真愛伴侶的關係之下生活。

要把渴望轉化為意圖，需要願意冒險去面對我們試圖避開的失望。藉由力抗那些證明嘗試是沒必要的「證據」，我們可以迎戰想要自我保護的衝動。多數被認定的證據，皆是我們依據過往事件所做出的臆測，未必能有效預測未來。解放束縛，擺脫這種信念所促成的順服行為，將是創造不同於過往之關係的可靠方式。

有時，我們會確信自己是對的，但事實證明並非如此；有時，面對做不到或是無法實現的事情，我們還是會去做。

甩掉這類做不到的信念是第一件（而且肯定不是最後一件）要做的事，然後我們才能進入把渴望轉化為意圖，並落實意圖的流程。執著於自己的信念，乃至於無視反證，也不去思索反證的有效性，這其實是一種傲慢。如果要坦然接受自己的信念未必總是對的，需要謙卑，同時也要有勇氣願意冒險，讓自己面對因失敗而感到失望的可能性。

避免失敗最好的方法，就是一開始就避開嘗試，但這麼做只會帶來另一種失敗，甚至是逃都逃不掉且更嚴重的失敗。我們可以說服自己，說自己很不擅長處理差異性這個議題，然後盡可能迴避，以免關係發生衝突；或者是扛起風險，給自己準備一些工具，也就是「意圖」能協助我們獲取的那些工具，然後再次嘗試。這端視我們個人的選擇。

5

發洩還是不發洩？有第三選項

查理的經驗談

在我們的關係剛開始的頭幾年，琳達與我採信一套說法，認為最好要立即且直接地對惹怒自己的事強烈表達怒火。這麼做對我來說很省事，也有了正當理由，可以把全部較為脆弱的情緒，例如生氣、失望、傷心、羞愧、欲望等等，轉為憤怒，然後丟給琳達。對我來說，這個作法既安心又熟悉，所以效果很好，因為我比琳達更常抱怨、責怪及大聲斥責。至少，直到琳達跟我說這個方法對她來說沒有很好用之前，看起來好像是可行的。

可惜的是，當時我們倆的關係已經受到很大的傷害。畢竟我原本的家庭就很習慣使用憤怒的批評，還認為這是對於不滿的合理反應，所以我不僅很自在地向琳達發怒，還覺得十分恰當。要承認自己只是個惡霸，欺負一個比自己不懂得威嚇的人，這真不是件容易的事！

琳達的經驗談

我與查理完全不同，在我成長的家庭裡，小孩對任何人表達憤怒情緒都會被處罰，跟大人生氣更是嚴重的事，對父母回嘴也會被嚴厲處罰。因此，我練就成善於埋藏可能會讓父母不悅的感受，好讓自己安然過關。

查理的經驗談

一九七〇年代，我和琳達在研究所接觸到從「會心運動」（the encounter

movement）發展出來的思想流派，認為把負面情緒投射到他人身上，是一種有益身心健康的行為。這套想法合理化了如今在我們的婚姻裡被視為不正常的模式，因為那種互動充斥了敵意與防衛。當時，我還到個人成長工作坊當工作人員，在這些工作坊裡，有個把壓抑情緒向外表達（即情感宣洩）的練習，是講座中最重要的環節。

琳達的經驗談

那時，我和查理已經交手許多次，學到足夠的經驗來克服面對面溝通的恐懼，情願站出來，而不是躲回洞穴裡。這一步肯定是往對的方向了，因為我們當時還有許多得處理的事情。我們知道，要共同創造兩人想要的那一種關係，我們得找到更行得通的方式，來處理彼此之間的差異性。很幸運地，我們找到幾位很棒的導師，全都不認為發洩怒氣能療癒關係，而是相信：在關係之中要進一步打開心房，展現脆弱面，並且更坦誠，才能發揮癒合的作用。

從那時起，我們不只把這段痛苦的過往拋到腦後，而且在婚姻中體驗到的信任與親善，也遠遠超出了我們曾經經歷的，甚至超過了自己想像過的感受。我們瞭解到攻擊他人是沒用的，也找到一些關於衝突的研究資料，證實我們個人的經驗談。

研究員羅素．基恩（Russell Geen）在其創新的著作《人類的攻擊行為》（*Human Aggression*）中指出，縱使對他人「發洩情緒」可能暫時發揮緩解的作用，但也可能放大暗藏深處的仇恨，進而引發報復並使情況惡化。基恩表示，反覆對他人傳達強烈怒火，會降低對暴力的抑制力，導致人們變得很有敵意。此外，把怒火丟給他人之後，往往會引發內疚與焦慮，所以發洩情緒通常會加劇怒氣，而不會減緩氣憤的程度，反倒會留下更多的修復工作，才能重拾遺失或是受損的信任、親善、尊重。

許多人只看到兩種選項：「發洩出來」和「塞滿內心」，很幸運的，我們還有第三個選項，也就是**以不帶攻擊和威脅的方式，來傳達自己的強烈感受**。表達感受時，只要別責備或咒罵對方，就可以降低火藥味。我們可以尋求讓雙方都滿意的結果，而不是要找出贏家與輸家。表達憤怒時，不要指控人，也不要有報復的意圖，那麼就可以開啟尊重對話的大門，而不再是帶著恐懼感或是防衛心的談話。

其中一種作法是不批評另一半的行為，而是依據自身過往的經驗來陳述感受。例如：「你忘記我的生日，我真的好失望。」「我們又在兜圈子，我覺得好沮喪、好生氣。」「當你說你覺得我們不是命中注定的一對時，我感到好害怕。」

這個作法需要的是自信而非攻擊，需要的是展現脆弱面而非防衛心，需要的是責任而非責備。不可否認，這的確不是件容易的事，特別是當我們深陷於高漲情緒之際更是困難，不過，透過實踐練習，還是可以培養出所需的特性。

傾向於放縱自己發怒的有力因素，或許是出自於攻擊可以讓人顯得較不脆弱的假說。傳統觀點認為，最好的防衛就是要有好的進攻，所以建議要「以火攻火」。這個道理運用在有肢體接觸的運動上可能很有效，但就人際關係而言，肯定是引發災難的捷徑。比起脆弱，攻擊更有可能觸發敵意和反擊，而脆弱往往可以化解防衛行為。

展現脆弱面能讓處境冷卻下來，這正是爭論過熱時所需要的。雖然我們可能會認為，反擊可以讓我們感到較為安全，但情況通常是相反的。若你想要有更開放、更親密、更信賴的關係，便需要展現脆弱面，反之就是繼續吵吵鬧鬧，端視你的選擇了。

6 傾聽，練習不帶情緒回應

胡安和梅賽德絲不明白為何兩人的關係如此令人痛苦難受，便前來進行婚姻諮商。在聽完兩人各自的陳述之後，問題很快就浮現了。他們談到對方時，一定會帶著嚴厲的批判與指責，由於兩人成長的家庭都很習慣採用這種溝通方式，他們不知道除了防衛與反擊之外，還有其他回應傷害性言語的可行方式。此外，兩人也都不知道，這種溝通方式對於信任感與相互尊重會造成多大的傷害，所以每一次的對話很快就會變質成不斷瘋狂地責怪對方，最終彼此都感到受傷且不滿。

這樣的溝通方式是有害的循環，勢必會造成長期性折磨。若不改變的話，最後常常就是落得離婚收場。兩人的伴侶關係不斷被損耗，侵蝕彼此曾有過的親善，也危及兩人幸福健康的關係。他們各自承受的壓力，既傷神也傷身。要是把不斷採取這類溝通方式的人，比擬為患有創傷後壓力症候群（PTSD），一點也不為過。然而，除非他們不再著重於對方做了什麼害自己產生防衛心，而是擔起責任地打破自身習慣的回應方式，否則兩人在這個循環中將同時是加害者與受害者。

每當我們感覺被攻擊或是被不公平的責怪時，就會有強烈的衝動想要做出反應，甚至強烈到令人無法抗拒。我們想要保護自己，為了轉移被攻擊的痛苦，包括已經感受到以及預期會產生的痛苦，我們通常都會反擊或是指控對方。受到傷害時，比起反擊，我們需要更多的勇氣才能做到不帶防衛心地回應。不過，要記得，沒有反擊不代表讓步，也不是自己承認有錯，只是沒有打算要說服另一半接受自己是對的，也沒有因為對方害自己受傷、生氣或是受到威脅，而想要懲罰對方。

最終，還是需要兩個人才能修復破裂的關係，回到完整的狀態，不過，僅需要一個人就可以打破「攻擊／防衛／反擊」的有害循環。在面臨敵意時，只要有一方具體展現出真摯的坦誠與脆弱面，通常都可以讓攻擊的衝動冷靜下來，但這未必是立即會出現的情況，這也是為何我們感受到威脅時，對於捨棄保護自己的防衛策略會感到很冒險。

凡是帶有明確意圖的人，都有機會朝往這個方向前進。不帶情緒回應的傾聽力（nonreactive listening）需要高度的自我克制，但藉由實踐練習（情感關係通常都提供了很多機會），很快就能練就這項技能。即便憤怒言論脫口而出了，不帶情緒回應的傾聽力也能防止現況跌入深淵。

舉例來說，想像另一半嚴厲批評你教養孩子的方式，與其防衛性地堅持自己不是個壞媽媽或壞爸爸，你可以收下另一半對自己教養方式的擔憂，然後敞開心胸傾聽，但前提是對方要以非針對個人的譴責方式來陳述想法。

另一種作法是從自己的經驗出發，讓另一半知道攻擊行為對自己造成的影響。譬如，你可以說：「我知道你對我很不滿，我也很願意聽聽你擔憂的地方，但是你出言侮辱我的時候，我實在很難繼續敞開心胸。可以跟我講講，你需要的是什麼嗎？」

表達意見並沒有錯，人們一直都在表達自己的想法，通常也都可以引發具有價值的談話。不過，當意見是關於對方，而不是談話的實質內容時，就有可能讓一方或是雙方感到不舒服或是被誤解。當這些感受浮現時，想要反擊的衝動可能會很強烈。由於反擊會讓我們不再感到脆弱、更有保護感，所以要克制這股本能般的傾向就更難了。或許我們會疑惑地想著：「為何感覺到被攻擊了，我還要把另一邊臉頰轉過去挨打？」「為何我不應該反擊，好教他收手？」「什麼樣的人會讓自己被攻擊，卻不試圖捍衛自己？」

這幾個問題都很重要，值得每個人好好思索。在選擇被攻擊的合適反應時，終究得取決於當下的意圖。若意圖是要在這段關係之中，營造一個更尊重、安全、信任的環境，那麼最明智的作法就是拒絕誘惑，抵禦想要反擊的衝動。主動提出的意見、批判、建議、批評、責備、挑剔、辱罵等各種類型的言語暴力，全都是攻擊手法。以攻擊對抗攻擊的話，恐懼與憤怒的感受就會放大，此時雙方都會感到更沒有安全感、更加受到威脅，整個循環就停不下來了。

即便明白用言語暴力對付言語暴力，只會製造更多痛苦，但當我們感到被攻擊之際，脆弱感依舊會讓人覺得危機四伏。就算認真想要打破循環，許多人遭遇的問題是認為自己做不到。當我們感覺受到威脅時，很容易認為取代反擊的唯一選項，就是採取被動姿態，而這是一種瀕臨危險時，用來應對內心深處之無助感的慣性狀態。

有關攻擊／被動二分法的替代作法，就是在面對面溝通發展到情緒化之際，採取主動但非攻擊的態度，堅持自己認定的真相。但要這麼做之前，我們得先知道什麼是真相。

在身處高強度情緒化的處境時，要這麼做並不容易。當某人的出現就是一道威脅，我們很容易就把對方當成敵人，此時若把目光從敵人身上移開，對方很可能逮到那注意力轉移片刻的機會。假若我們面對的是帶著實際威脅的真實敵人，那麼直到感覺安全之前，我們都不能放掉這股注意力。另外，假若我們在評估之後，發現對方的主要意圖是為了自身的目的來傷害及利用自己的話，那麼敞開心胸就是不恰當的，甚至是愚蠢的行為。

另一方面，當我們把注意力從他人轉移到自己身上時，會更加有意識地釐清當下的感受，讓我們能夠更加專注於當下，保持理智地應對眼前的挑戰，而非制式地採取防衛反應。

如果自己的情緒過於高漲、做不到這一點的話，你可以要求暫停一下，好讓自己冷靜，隨後再恢復談話。或許你可以這樣表達：「我需要幾分鐘的時間來想一下。」「我需要稍微休息一下，我會再回來。」「我現在很煩亂，聽不進你說的。」「我需要休息一下，讓自己冷靜。」在前述說法的例子裡，由於說話的人不是在抱怨對方，而是在對自己的經驗負起責任，所以這些說法很有可能被接受，而不用繼續承受攻擊。

在高強度情緒化互動之際，連結自身的經驗是最好的處理方式，必定可以緩和敵意。雖然防衛行為不會立刻消失不見，但只要多實踐練習，隨著時間過去就會被妥當處置，這肯定值得你付出心力。

7 成熟大人有時也要暫時隔離

孩子還小的時候，我們有個方法可以制止孩子的失控行徑：暫時隔離（time-out），來介入並打斷急轉直下的失控情況，多數父母都認為這是個屢試不爽的好方法。藉由一段冷靜時間，可以緩解逐漸焦躁的交流互動，好讓雙方都平靜下來，等到大腦冷靜了，再重啟溝通。

在接觸許多伴侶個案的這幾年裡，我們發現，不只是小孩偶爾需要暫時隔離。事實上，在發展親密關係的過程中，多數伴侶都有機會體認到，暫時隔離是個很有幫助的作法。

伴侶之間總是有一些話題會觸發強烈的情緒反應，像是金錢、性、教養問題、父母與親戚、飲食習慣、體重問題、開車習慣等等，全都非常敏感，而且很有可能惡化成大吵架。即便狀況良好，出發點也很好，其中一方可能還是會不自覺地踩到另一方的地雷，造成爆炸性的下場。這時，假若有一方嘗試想要修復關係卻失敗了，就需要暫時隔離來冷靜一下，之後再重啟談話。

若希望暫時隔離能發揮作用，意向性（intentionality）扮演著重要的角色。在暫時隔離的這段時間裡，雙方都要有意圖讓自己平靜下來、化解情緒，如此才可以重新結合，同時，也要準備好不批判、不責備的態度，放下防衛心，好好傾聽對方。人們在情緒化的時候，幾乎不可能展現出這種程度的脆弱面。只有當雙方都調整好態度，才可能提高機會來達到彼此都滿意的互動關係。

暫時隔離的休息時間，沒有所謂「對」的長度。有時只是需要深呼吸幾分鐘，有時可能需要一小時或是好幾個小時，端視當下的情況與破裂問題的本質。此外，其中一方比另一方需要更長的時間，才能讓炙熱的情緒平息下來的情況，也不少見。不過，最好不要超過一小時太久，這樣兩人才都能記得談話的內容。若真的需要更長的時間，不管議題是什麼，暫時隔離的時間都不要超過二十四小時。

要記得，暫時隔離的目的不是要一次徹底解決問題，只是為了避免狀況進一步惡化，也是為了讓雙方能夠更敞開心胸、更尊重且更加傾聽對方，以利對話繼續下去。

再說一次，在人際關係中出現差異性是不可避免的，但衝突卻是有選擇性的。當有一方或雙方試圖強迫對方同意自己的觀點，或是滿足自己的期望，差異就會演變成衝突。即便是關係非常好的伴侶，偶爾也會遭遇關係破裂，但不同之處在於，他們能夠在意見不合的初期，隨即介入迅速惡化的關係，避免發展成一發不可收拾的局面。

此外，很重要的是我們提出暫時隔離及離開的態度，要是氣沖沖地離開、跺腳、皺眉、甩門，就很難順利談和。還有一點很有幫助，那就是瞭解「任何一方只要覺得有需要，都有權力隨時提出休息一下的要求」，不必詢問原因。

雖說解決衝突的辦法通常是透過進一步的溝通，但有時卻剛好相反，特別是在發現自己使盡全力之後，事情卻變得更糟糕時，就需要暫停溝通。更拚命地溝通，未必總是有幫助！有時，要達到相互瞭解與接受的最佳途徑，正是放下拚命的態度來重整思緒，而隨著時間與經驗的累積，便可培養出知道何時該放手、何時該往前推進的能力。正如同其他有價值的事物，我們無法在一夜之間就獲取這項能力，但只要有足夠的動機與致力投入，就可以用來改善任何一種人際關係的品質。

8 擺脫受害者身分幻覺

當感到痛苦的時候，我們會想要找出痛苦的根源，以便終止這種感受，預防未來再次發生。當我們的手碰到炙熱的鍋柄時，我們會本能地抽回；頭痛的時候，我們會服用幾顆阿斯匹靈來緩解。若這種情況發生在人際關係上，我們會責怪那個造成自己痛苦的人，期望這麼做可以降低再次受到傷害的可能性。或許，怪罪另一半會讓自己感覺是在保護自己日後不再受到傷害，但這種保護感往往只是一種幻覺，而不是什麼保證。每當我們認定某人是「作惡者」，自然就會認為自己是受害者，而隨後將帶來一大堆問題。

無論是在親密關係裡，還是在親密關係以外的地方，我們都認為這個世界上有壞人，要留心自己信任的對象。但問題在於，我們是否可以在不背負受害者角色的情況下，辨別出誰是可以信賴的人？

大多數人都有過感覺像是受害者的經驗，但收下受害者的角色，以受害者角色與外界或是另一半建立關係，都會帶來不良的後果。然而，當我們覺得自己被利用或被傷害時，很快就會接受自己是受害者。某人為了尋求自己心中（通常是隱匿的）渴望之事物，便以犧牲我們個人的利益為代價，那麼我們就淪為某人的犧牲品，此時當然會覺得自己受害了。不過，「感覺受害」與「具體表現出受害者的身分」是兩碼子事。

不管你是否意識到，「感覺自己是受害者」和「認定自己是受害者」，等於是身上隨時都帶著受害者的姿態。然而，這種受害者姿態會讓你更容易被潛在的掠奪者注意到，因為這類壞蛋通常都很擅長在他人身上找到暗示著脆弱面的非語言性線索。掠奪性格越強的人，越能夠找到潛在的受害對象。當受害不再是短暫的感受，而是內化成一種身分，那麼這種身分肯定會展現在我們的行為上，這是潛意識裡讓行為與受害者角色維持一致性的傾向。

若把自己視為受害者，不論實際情況是什麼，我們都會傾向把他人的行為解釋為蓄意傷害。縱然自己的擔憂有幾分可能性，但這樣的預期感覺起來不會是一種猜疑，而更像是事實。收下受害者的身分，會帶來自我應驗的預言，因為我們會不斷收集那些能夠證明自己對於受害者與掠奪者之觀點的證據。

儘管這顯然有許多缺點，但許多人還是收下受害者的身分，原因包括：

- 一股安全感，因為受害者的感覺會讓自己覺得有意識到潛藏的危機。
- 受害者不用對自己的行為負責，所以不會被責備。
- 受害者覺得有了充足的理由，可以報復自認為的施虐對象。
- 與作惡者相比，受害者往往會覺得自己比較有道德。
- 受害者通常認為自己沒有能力去蓄意傷害他人。

這些所謂的「好處」是有代價的，包括：

- 由於抗拒扛起責任，所以會有一股無能為力的感受。

・長時間的自憐，便會抑制了情感可接近性（emotional availability）。

・會懷疑自我照顧（self-care）的能力。

・準確評估他人守信程度的能力會變弱。

・認為這個世界充滿危險的想法，會培育出與日俱增的孤獨感。

對於想要脫離受害者身分的人，以下幾點準則可以協助你：

・與不會加深自己是受害者感受的人結交。

・請朋友別同情自己，並且要幫助自己看清可能是因為受害者困境而被觸發的部分。

・請朋友協助自己辨識未察覺到的教訓，以及幫忙釐清日後該如何應用。親朋好友通常都抱持善意，但也會因為對我們忠誠而被蒙蔽。

・不要相信自己腦中的所有念頭，它們感覺起來像是「真相」，但可能只是想像而已。

・行事作為都要採取有助於培養自我信任（self-trust）的方式，同時要拿掙脫受害者身分將帶來的各種好處，來提醒自己。

確實，人們會有受害的時候。每個人都有過這樣的經歷：錯不在自己，卻被不公平對待，而且身體或情感上受到傷害。當我們不再認定自己是受害者，他人便會以更開放的態度來與我們交流、建立關係。因為我們不再把他人當作是敵人，而是視為尋求滿足自身需求的個體，那麼，人與人之間的衝突就會大幅減少。觀點轉變之後，就會有很大的不同！

9 你會閃避衝突嗎？

「無法面對失敗的人，就無法愛人。」

——史考特．派克（M. Scott Peck），醫學博士

世界上有人從來沒跟其他人發生衝突嗎？其對象可能是親朋好友、人生伴侶，也可能是同事；只要是與我們抱持不同意見的人，都會是發生衝突的對象。由於人們有不同的信仰、價值觀，乃至於對現實的認知都不盡相同，要是沒有時常發生衝突，其實是件奇怪的事。有些人似乎很喜歡，甚至還刻意在人際關係中製造對立狀況，不過，另一些人卻是盡其所能地躲避衝突，或許是害怕面對面溝通，認為若提出問題來溝通或是為自己提出解釋的話，另一半會生氣或傷心，但隨著時間發展下去，這種閃躲的

行為可能會讓我們受傷、焦慮或是不滿。

若你認為自己是個會閃避衝突的人，那麼本篇就是為你而寫的。若在你的人際關係中，有一方是會躲避衝突的人，那麼本篇也能幫助你學會打造較為安全的環境，來展開可能會觸發焦慮的對話。假若你不確定自己是否會逃避衝突，閱讀本篇內容可以協助你釐清這件事。請想一想下列的提問：

- 一般來說，你覺得生氣是一種危險的情緒嗎？
- 當你被要求開口說出想法的時候，會默默退縮嗎？
- 你是否會避免表達自己的想法與感受，好讓自己繼續待在舒適圈裡？
- 有時，為了不破壞和諧的氣氛，你會犧牲自己對實際狀況的感受？
- 你是否會花大量時間察看他人的感受，以至於沒有體察到自己的感受？
- 你是否覺得自己抱怨後也沒有什麼改變？
- 你是否因為自己逃避了必要的談話，所以累積一大堆待解議題？
- 你是否把別人的需求與欲望看得比自己的更重要？

・你是否覺得自己得為他人的反應負起責任？
・當事態發展不盡如意時，你會直接認為一定是自己的錯？
・對你來說，比起自我價值感，他人的認可比較重要嗎？

針對前述的問題，如果你有一半回答「是」，那麼你很可能傾向於閃避衝突，不過，你已經跨出了誠實面對自己的第一步。對衝突的反感非常難克服，因為躲避衝突具有鮮明的有利因素，不過，我們卻得為此付出代價，以下是幾個不利因素：

・變得習慣逃避，即便出現值得表達想法的情況，但依舊會閃避。
・強化自己沒有能力有效處理差異性的念頭。
・自尊心下降。
・降低他人對自己的尊重。
・加劇不安全感與焦慮。

好消息來了！接受自己可能是個會閃避衝突的人後，就可以打破這種模式，然後告訴自己：「我得扛起部分問題的責任，而且的確有些我可以做的事情。」

舉例來說：

・當你因為感到軟弱而以某種方式來批判和處罰自己的時候，就練習自我寬恕。對於想要逃避衝突一事，完全不用覺得不好意思。多數人遇到衝突發生時，各自都得面對不同的問題，即便是以威脅與攻擊來恫嚇他人的人，也有衝突的問題，只是每個人選擇以不同方式來面對自己的恐懼。

・原諒你怨恨的對象，也原諒那些你直接或間接處罰的對象。

・說出心底話；針對你這輩子認識的人列出一份清單，從跟你有重要親密關係的人開始。面對這些人，你心中隱藏了一些感受，由於你沒有坦承，所累積的一些不快損害了彼此的尊重與信任，在此要明確寫出你對每個人感到不滿意的地方。

・允許自己感覺到怨恨、憤怒、生氣，以及去感受那些你不准自己完全體會的各種情緒，找出阻擋自己去感知的恐懼。

・扛起自己在害怕衝突成形過程裡的部分責任。

・邀請對方來談話：「這陣子以來，我一直想要找時間跟你聊一些事情。」記住，你需要的不只是這些文字，更要確認自己是在發出邀請，而不是命令對方。比起文字本身，說話的語調更重要。

・直接道歉；若對於自己曾經說過的話或做過的事感到懊悔，請真實說出心裡的想法。

・帶著禮貌說明自己的意圖，好讓對方知道為何溝通自己的擔憂是一件重要的事，以及自己期望藉此達到的目標。

・最後，還要謝謝另一半與自己一起努力改善兩人關係的品質。

在處理某些議題時，可能會引發防衛反應。要是發生了，可能是對方害怕被指責做錯事情，而且一旦被發現他做錯了，就會被處罰。因此，若你可以保持不帶情緒的回應態度，就可以緩解這股懼怕感。

確實，這個過程需要實踐練習。不過，只要你溫柔地堅持下去，防衛模式將會融化，讓雙方能建立起具有真實意義的可靠關係。就跟其他的行為模式一樣，要有意圖與致力投入，才能夠修復閃避衝突的行為模式。起始點就是決定最終要擺脫自己的恐懼。當我們可以尊重自己所相信的真相，而且沒有陷入具破壞力的溝通，最終就能夠直接、誠實、無懼地面對衝突。你，準備好了嗎？

10 勝利是沒用的

雖然爭論是無可避免的，但是我們可以讓爭論不再有殺傷力，而且富有成效，還可以改善對彼此的理解、信任與尊重。如果想要得到這樣的結果，出發點是我們要有打算這麼做的意圖。有意識的決定，有助於克服可能讓我們在互動過程中產生放棄心態的負面觀點。

假若你曾經努力處理差異性問題卻失敗了，很可能會有股無助感，也會提高這次爭論的結果跟以往多數經驗一樣的可能性。偏執的態度可以保護我們，避免再次經歷令人失望的後果。但這種態度會帶來自我應驗的預言，真是不巧啊！

許多伴侶都會因為有相互掌控的渴望而陷入權力的鬥爭。不過，這裡可沒有所謂的贏家。當有一方「勝出」，或是以恐嚇、威脅、撒謊和其他操縱方式等不尊重的手段得逞時，勢必會減損這段關係的親善、尊重與完整性。這些傷害會以多種不同的方式呈現出來，包含鮮明可見和隱晦不明的方式，但不論是哪一種方式，皆會對伴侶彼此結合的品質帶來負面衝擊。

每當有一方或是雙方抱持著要讓雙方滿意的意圖，而不是想要「戰勝」的企圖時，出現有利結果的可能性就會大上許多。而且，即便長期來說需要兩個人才能共同帶來轉變，但其實只需要一方就可以冒險展露脆弱面，以及踏出啟動流程的第一步。

當我們把生活視為選擇的過程，而非滿足外在期望的歷程，就比較不會覺得自己是受害者，或是覺得沒自信。受害者與沒自信，這兩者皆會促使我們需要掌握更多控制權，以便彌補無助的感受。要是我們放縱自己找藉口與責怪，只會加劇那種想要掌控的感覺。有益的替代作法之一，就是願意為自己的選擇負起責任，並接受自己的決定所帶來的後果（並期望從中學到經驗）。這麼一來，另一半就不會再覺得自己被當成「問題」，也比較可能敞開心胸地展開相互尊重的對話。

我們能夠保有這段關係，並不是因為採取保護性作為，而是「儘管」有這些保護性作為，我們依舊可以保住這段關係。就跟其他行為模式一樣，我們的想法與行為經常會重複出現，大多是為了生存下去。由於鮮少有人能夠找到有效處理這類重複性行為的替代作法，因此衝突相關議題就成為關係破裂的頭號原因。那種不追求彼此滿意，只想要取得主導權的行為，將會損害雙方關係結合的品質。要是犧牲其中一方來讓另一方獲取勝利的話，雙方都是輸家，但若犧牲自己來遷就對方，結果也是一樣。

因此，若要成功解決衝突相關事件，必定得具備兩個要件。一是承諾雙方獲得的滿足皆可達到某個程度，二是實現這個結果的執行方法。我們稱前述的重複性行為是「生存策略」，是因為我們可能會覺得自己的生存空間瀕臨危險，特別是當另一半所渴望的東西具有威脅性，還會阻礙我們獲取對雙方幸福感都至關重要的事物時，更會感到有危機感。只要關閉這套警報系統，我們就能打破想要掌控的衝動，進而破壞吵架／打架／冷戰的行為模式，並把輸與贏的爭鬥轉變為團隊的互助合作。

若要做到這一點，雙方皆需要有明確的意圖，才能捨棄「爭論的目標是為了獲取勝利」的想法。就算是數十年以來都困在爭輸贏形式裡的人，終究會痛心地發現這套方法根本行不通。奇特的是，當我們感到最無助的時刻，可能就是找到動力來決定接受這個轉變的時間點，端視我們陷入的深淵有多深而定。

11

阻擋想要打斷對方的衝動

或許你聽說過，現代人對於婚姻有許多不滿，甚至只是利用他人來滿足自己，此外，近幾年以來，社會對離婚的批判減少了，因此舊時的婚姻規則黏著力道不復存在。這未必是件壞事，因為這樣的轉變可以讓大眾普遍接受「有些婚姻最好的收場是分道揚鑣」。然而，也有許多人認為，無條件的永恆承諾與無過失離婚（no-fault divorce）之間的鐘擺，顯然擺盪過遠。

現代對於婚姻的普遍態度，可以形容為「只要可行就好」，因此，每對夫妻都要自己找出適合的婚姻形式。舊有的婚姻形式被拋棄了，但新的形式尚未建立完全。在如此動盪不穩定的時代裡，人們還得設計出下一種婚姻結合的方式，要能給每位在尋求的人帶來深刻的滿足感。

固有的角色責任已不再是不可變動的，因此，需要更多的討論與更好的協商談判技巧，才能夠解決擔憂與問題，但這些擔憂與問題在傳統婚姻裡根本就不存在。擁有遠大目標固然是件好事，但當我們抱持著這麼大的期望，而且想要實現它們，就需要遠見、承諾，以及強大的個人責任感。

許多人都握有良好的職場專業行為準則，卻誤以為這些工作上的專業行為準則無法套用進個人關係裡。或許，大家採信的是浪漫神話，認為只要有愛就足以確保婚姻幸福。但這種魔術般的神奇想法，勢必會帶來大大的失望，也沒有考慮到最佳的結合關係需要有溝通、衝突管理、談判技巧。要是不檢視這些誤導人的想法，那麼你可能會搞垮人際關係。

現在的挑戰是要設想出一種新的婚姻形式，好讓伴侶雙方可以發展成為最好的自我，並握有權力來定義兩人在意之處與雙方達成的共識。然而，在構想新的親密關係相處的道路上，一定會遭遇不快與不自在，這是必然會發生的情況。婚姻是一種承諾，本來就會給我們壓力，但若沒有這份承諾，我們就很難抗拒想要放棄婚姻的心情，要是再遇到艱困時期的話，就更難抗拒了。儘管有些婚姻是無法挽救的，但還是有些可以搶救的婚姻，只要雙方都願意付出自我，為兩人的困難處找尋富有創意的解決辦法，就可以做到。

為了培養出有效的協商談判技巧，伴侶可以採取一些練習方法：

- 在談到感知、感受、想法與需求時，使用「我」來做陳述。
- 傾聽時，不帶情緒回應，也不要有防衛心。
- 釐清具體的期望和擔憂在自己心中的重要程度。
- 為了順利完成談話，製作兩人皆同意遵守的執行方針。
- 接受每一次的交流都是為了推動進展。
- 阻擋想要打斷對方的衝動。
- 更關注於自己想要的預期結果，而不是花力氣證明對方想法出錯的地方。
- 協商談判的主題裡，必定要有公平互惠的精神。

這些技巧不只可以用來改善愛情裡的親密關係幸福感，也能運用在其他人際關係上。成為有能力協商談判的人，重點不在於爭輸贏，也不是為了求勝利，而是同時抱持著不帶偏見的利己（self-interest）態度，以及明白若沒有得到雙方都滿意的結果，就不算是成功。

成功的意義，不只是指獲取我們所想要的事物，而是關於滿足渴望，以及雙方對自己、對彼此、對最終結果都滿意。或許這看起來是一個難以達成的目標，但真的一點都不難。

12

談論「我」的感受，不譴責「你」的說法

對多數伴侶來說，爭論這個議題不是「如果」又吵架了，而是「何時」會吵架。不管我們將之稱為爭論、意見分歧、衝突、不和、吵架，誤會、口角，幾乎每對伴侶都吵過架。那些表示沒有吵過架的伴侶，要不是在否認、撒謊，就是異常進化。有些高情緒智商的成熟伴侶，很難得才會發生衝突，剩餘九十九．九％的人偶爾都得應對偏好、個性、性需求、電影喜好、飲食習慣、政治觀點等生活各面向的差異性，因為伴侶之間不見得擁有共同的價值觀和習性。

對九十九．九％的人而言，在嘗試解決差異性問題時，常常會遇到一些困境。不過，如果有一些指導性原則，就可以避免或是減少情緒過於激動所觸發的防衛行為。只要按照這些原則去做，甚至可能把具殺傷力的交流，轉化為人與人之間的普通互

動，藉此改善關係的品質。

在此，我們提供一份簡短的指導性清單。多年來，我們合作過的學生與客戶以及我們自己，都發現這份清單很有用。儘管舊行為模式很難打破，但只要意圖清楚且明確，再根深柢固的行為模式也可以被打破。別小看兩人齊心朝向同一個目標時，真實的結合關係所帶來的力量。縱然需要兩個人才能修復破裂關係，但只要一個人就可以啟動修復流程。這份清單還不夠完整，沒有包羅全數緩解衝突的實踐練習，所以歡迎自由增添。

- 在你開始抱怨、發牢騷之前，請先說明自己的意圖，並且要雙方達成共識才行。
- 要恭敬且誠實，不可蠻橫而行。
- 明確指出不可出現的行徑，例如：肢體和語言的暴力、憤怒的肢體接觸、扔東西或是破壞物品、過於大聲、指責辱罵。
- 當氣氛過度火爆時，可以採取暫時隔離。任何一方隨時都有權力提出休息一下的要求，不必詢問原因。不過，每次暫時隔離前，雙方需同意回來繼續討論的時間點。

‧記得自己是在發出請求，而不是命令或要求。

‧在解決其他議題之前，請先專注處理目前手上的問題。

‧談論自己的感受與需求，而不是自己不喜歡對方的哪些地方。

‧談論的出發點是自身的感受，使用「我」的陳述方式，而不是帶著譴責性的「你」的說法。

‧記住，認可對方的觀點，並不等於同意那是正確的觀點。

‧避免操控與過度強逼。

‧不可要脅或下最後通牒。

‧在爭論過程中，不要以離婚為威脅。若真的想談離婚，就等雙方都冷靜下來後，再提出討論。

‧在表達不滿時，也要提出替代性作法。

‧放慢步調、停頓、反思，仔細選擇自己的用字，不要隨便脫口說出之後可能會感到懊悔的字眼。

・除非收到明確的請求，否則就要抑制想發表意見的衝動；就算被要求提供建議，還是要小心表達。要記得，當一方在要求之下而提出看法時，也不等於提出要求的人一定要接受對方提出的意見。

・把「但是」換成「而且」。

・避免拿別人與伴侶做比較，例如：「你就跟你媽媽一樣」。

・不要用冷戰來懲罰對方。

・避免使用絕對性和指責性的用字，譬如：「你老是這樣」、「你從來就不會……」。

・不要打斷對方；若是不小心中斷對方的談話，記得要道歉。

・不要拿別人的話來為自己辯護，例如：「每個朋友都同意我的看法。」

・當你對自己做過的事或說過的話感到懊悔時，請記得道歉。

・對方在講話時，你要傾聽、不質疑，等到對方講完後，就會輪到你表達自己的觀點。

・結束談話時，謝謝另一半花精力與自己一同解決兩人之間的差異性。

請記住，這只是個初步的工具，可以配合每位伴侶擔憂之處加以修改。儘管你們在過程中已經很努力了，還是會有挫敗的時候，所以要保持耐心，也要原諒彼此的小差錯。堅持下去，「朝金牌邁進」！

13 控制是錯覺引發的信念，會放大不安全感

你認識他，每天都要跟他打交道；你可能嫁給了這麼一個他，甚至你自己可能就是這麼一個他，而他們就是讓人畏懼的……控制狂！

比起「他」，更準確的代名詞其實是「我們」，因為不管你喜不喜歡，人類本來就是個大家族。我們全都想要掌管我們的環境、人際關係、經歷、世界。每個人都有自己管理生活的方式，好讓自己感到安全、快樂、幸福，同時盡可能降低或消除痛苦與危險。有些人是以鮮明可見的手段在控制他人，例如恫嚇、威脅、命令、懇求、不停數落，另外一些人的方式則比較隱晦不明，例如被動攻擊（passive aggressiveness）、冷戰、遷就、退縮、諂媚、無助。

「盡可能快樂」和「盡可能減少痛苦」的驅動力，是人類與生俱來的，在所有人

身上展現出不同的形式與程度，因此，我們不必對自己有這方面的傾向而感到丟臉。這類衝動行為的展現各有不同的策略，只是其中一些較為巧妙。事實上，我們的生活裡充斥著各種體驗，有苦有樂，有些是可預期的，有些則無從預料。我們會用「運氣」（即好運與壞運）來表述無法用因果串連起來的經驗，但就算我們認為那是自己的作為所觸發的後果，其真正的原因也未必就是我們得負起責任的那些因素。

有個流傳已久的故事是這樣的：

有一名男子坐在公園長椅上，一邊撕碎報紙，一邊把碎片往左肩後方扔去。附近的一位警察觀察這名男子好幾分鐘後，走過來問他為什麼要這麼做。

「這樣可以趕走獅子！」男人回答道。

「獅子？」警察回應道：「離這裡最近的獅子有幾千公里遠呀！」

「我知道。」男子答道：「你看看，真的有用吧！」

如同故事裡的男子，許多人都認為，正是因為我們努力讓事情照著自己的期望進展，事情才會有現在的結果。我們收集「證據」，證明我們就如自己所相信的那樣有掌控力，而且這讓我們保持安全和開心。只要做我們認為必須做的事，獅子就不會靠近，然後我們就可以得到想要的，避開不想要的。

事實上，所謂的「控制」是由控制的錯覺所引發的信念。在人際關係裡，無論控制行為是鮮明可見還是隱晦不明，都無法讓人獲得想要的安全感，而且會延續甚至是放大那些我們想要擺脫的不安全感。許多人一輩子都帶著這種心態過活。每當這股想法占據思緒時，我們就很難意識到這個想法並沒有事實根據，並且會不斷再次確認這個想法，還會陷入到無法自拔的狀態，以至於不惜採取一切手段。

除非我們能夠破除上癮的控制行為，否則不太可能建立一段深具意義的關係。真正的親密感取決於伴侶兩人都感到安全、被信任、信任對方、被接納、被珍惜，但這些感受的對立面，正是懷疑對方另有所圖。要是捨棄「建立關係」的意圖，改採「控制」的意圖，將會阻礙我們獲取內心深處最渴望的那種感受。除非我們願意冒險揭露深層關係所需的脆弱面，否則控制行為將會妨礙我們全心全意地投入與開放。

然而，儘管我們有意識地想要降低控制、變得更開放，但多數人都會被過往的經驗所支配。這並不是表示我們注定要永遠受制於這些難以抵抗的行為模式，而是說明了，若要擺脫過往的經驗，所需花費的時間、精力、耐性，可能遠遠超過了自己所認為的分量。

縱然我們盡了最大的努力，但也不是「克服就好了」，因為另一半的不滿會觸發我們想要控制的衝動，特別是當我們認為自己得對另一半的感受負起責任，或是對方得對自己的情緒負責的話，就更會有控制的衝動。我們可能會認為，自己是否能充分滿足另一半的渴望，將決定自己能否保住在這段關係裡的位置。如此一來，當我們聽到伴侶講述憂心的事情時，就會觸發自己內心的焦慮感，進而誘發了想要否決對方感受的衝動。任何會誘發焦慮的事物，都會引發控制行為。

在著手處理這類防衛行為模式時，我們得把注意力的焦點從伴侶轉移到自己身上，才能夠控制我們真正有權控制的東西，也就是控制以防衛行為回應的衝動。

人們是因為害怕，才會想要控制。比起呆坐在原地、收下無助感，做任何事情都會感覺比較安全。然而，唯有踏實地立足在生命裡唯一穩固的基礎上，我們才會找到展現脆弱面所需要的勇氣。而這個基礎，就是我們自身經驗的真相。只有當我們身處在受到威脅的處境時，願意反抗被觸發的控制衝動，才能夠擺脫內心裡想要控制的那號人物。只要這麼做了，我們伴侶的控制需求很可能就會大為降低，這時才會有全新的局面。

14 好好「準備」對話

琳達的經驗談

關於對話這件事，我可是付出慘痛的代價才學到一課！我與查理剛開始交往時，每當我覺得兩個人需要聊一聊時，就會直接開口，但這時查理往往都還不知道發生了什麼事，所以從來就不清楚到底是什麼狀況。這根本不是展開對話最好的方式。當我只是想要誠實表達自己的感受時，查理常常感覺好像突然被卡車撞到似的衝擊。

下場就是，我得處理的不只是一開始就想要講出來的不快，還得面對查理的防衛行為（其實是可以理解的）。過了一段時間（超過我樂意承認的長度），我才明白查理把我想要修補破裂關係的舉動視為突擊動作，所以比較不願意好好來談。我一點也不希望他有這樣的感受，可是我在過往經驗裡也沒有學習對象，教我如何以尊敬對方的方式開啟重要的對話，所以我完全不知道為重要對話做好準備有多麼重要！

在熟練的溝通技巧裡，「準備」是一個被忽略的面向。當我終於明白準備有多重要之後，便把這個部分稱為「開場白」。舉例來說，我可能會表示：「我想跟你討論一件事情，現在是談一談的好時間嗎？」「有些事情讓我很困擾，內容有些敏感，但我想讓你知道我會提出來，是因為我希望我們的關係可以更親近。」「我不希望我們之間有任何隔閡，我想把一些心事講出來，你現在有空嗎？」

在正式展開對話之前，我希望溝通的一件事，主要是我的意圖是為了提高兩人關係的品質，而不是批評查理。我希望查理可以感到安心，瞭解這是對話的邀請，而不是命令他，而且不管查理對邀請的回應是什麼，我都會尊重他的答案。我很幸運，查理通常都會接受我的邀請；若他還沒有準備好，我也樂意接受被拒絕。讓查理選擇兩人對話的時間，等於是給他時間來準備自己，也證明他與我擁有相同的權力來形塑對話的過程。

伴侶經常在沒有妥善準備好的情況下，便開始討論棘手的話題，這時就已經走錯一步了。隨著直接被拉進話題而產生的擔憂心情，很可能讓雙方隨口說出比較沒建設性的意見。花點時間做準備，可以提高在對話中創造好結果的機會，而且停下來沉思也是在擁護親善的精神與讓彼此滿意的意圖。

當我宣告自己的意圖不是要指責查理做錯或說錯了什麼，而是為了加深彼此的關係時，就有了信心。我的目的是要讓查理感到安心，同時再次強調我有說真話的權力，以避免一輩子都過著壓抑痛苦、失望、生氣等感受的生活。我向自己保證，我不是個愛抱怨又刻薄的人，也相信自己是渴望創造充滿愛又能互助合作的關係，不要求對方服從自己，而是讓雙方都可以表達自己的需求與渴望，不必擔心對方會有什麼不好的反應。舊習慣不容易移除，但只要付出時間和努力，終究還是會消失的。在這個過程中，我們會培養出其他必要的特質，像是毅力、承諾、信任、正直、慷慨，不僅可用於我們倆的關係，也可以套用在人生的所有面向上。

15 要改變行為，才能盼望不同的結果

那斯魯丁（Nasrudin）是神話故事裡的人物，屬於蘇菲派（Sufi）的一位導師。有一天，那斯魯丁的徒弟發現他把手伸進一袋辣椒裡，一口吃一個辣椒，那斯魯丁的眼淚從臉上滑下，同時留著鼻涕，雙唇更是又紅又腫，顯然他本人非常痛苦。

「為何您要不停地吃辣椒？」學生問道。

「我一直盼望能找到一顆甜的！」那斯魯丁回答道。

就跟那斯魯丁一樣，許多人發現自己身陷在痛苦的處境裡，卻一直盼望事情很快就會神奇地改善。

根據某個說法，所謂的瘋狂，就是不改變行為，卻希望會有不同的結果。就像有

首歌是這樣唱的：光是盼望和希望（Wishin' and Hopin'）可能並不夠！

接下來，我們來看看馬修和茱莉亞的例子。

馬修不是個壞男人，也具備一些好的特質，像是勤奮、誠實、不抽菸、不喝酒，是家裡的支柱，也全心全意對待家人。不過，幾年過去後，馬修的妻子茱莉亞發現自己越來越不快樂，感覺他們的婚姻裡欠缺了一些重要的東西。每當茱莉亞提出自己想要談論的話題時，只要馬修不想談，就會拒絕與茱莉亞對話，通常他只是簡單回說：「我不想談這件事。」如果進一步追問，馬修就會告訴茱莉亞：「我就是這樣的人！」意思是說「我的個性不會讓我跟你進行那種對話！」最讓茱莉亞憂心的是，馬修缺乏改善溝通的動力。馬修用「自己是個不會談話的人」來為自己的選擇辯護，要茱莉亞接受自己就是這副模樣，好叫妻子放過自己。

茱莉亞想跟馬修討論的話題，有些很隱私，像是兩人的性生活不熱烈、馬修不重視衛生習慣。馬修經常忘記刷牙，茱莉亞對他的口臭很反感，此外，馬修沒有固定洗澡的習慣，身上會有體臭，同時，他也經常把髒衣服丟在每個房間的地上，懶得撿起來。每當茱莉亞試圖要馬修注意這些事情時，通常會得到這樣的回應：「你嫁給我時，就已經知道我的這些習慣了！」彷彿是在表示茱莉亞早就被事先警告過了，應該要閉上嘴並接受。

後來，茱莉亞告訴馬修，自己找到婚姻諮商師，可以幫助他們討論溝通上的困難，當下馬修回應道：「我不相信婚姻諮商！」最終，茱莉亞認清了馬修根本不打算重新考慮，依舊拒絕談論她心中的重要議題。

茱莉亞藉由提醒自己「馬修有一些優點」，試圖將自己的不快樂合理化，認為可能是自己對馬修的期望不切實際又過高，所以應該要降低期望。儘管茱莉亞很努力了，依舊無法調整自己適應這種疏離關係所帶來的痛苦，最後茱莉亞來到臨界點，終於無法再繼續忍受這樣的情況。茱莉亞對自己坦承，馬修的問題不是沒有能力做出改變，而是沒有意願去照顧她的需求與渴望。茱莉亞終究無法幫丈夫再找到任何藉口，所以提出了離婚。

在茱莉亞離婚之後，琳達跟她談起這件事情時，茱莉亞表示：「你知道嗎？馬修是對的，在我們約會和結婚時，他本來就是個不多話、不講心事的人，只是我不肯正視這件事情。這幾年來，我一直希望他會改變，以為我的愛足以鼓勵他敞開心房。現在我知道了，面對他的陰暗面，自己有多麼盲目。然而，並不是他阻礙我看清他本人，而是我自己不想要看他的缺點。那時，我實在是被浪漫沖昏了頭，相信愛可以戰勝一切。現在我變聰明了，也付出慘痛的代價，搞懂了我人生一定要擁有的東西。我對下一段戀情充滿了希望，因為我現在知道什麼對我來說是最重要的。不管我從另一半身上可以得到什麼，我的生命裡一定要有我想要的東西。」

抱持切實的盼望並維持耐性，以及容忍那些無助於個人自尊與情感親密需求的情況，這兩者之間有著很大的差別。茱莉亞在結婚多年後，才明白這其中的差距。以前面對自己不滿的情緒時，茱莉亞責備的是自己，卻沒有意識到原因出在丈夫對兩人婚姻現況的付出狀態。茱莉亞願意為這段婚姻承擔的責任超額後，卻讓馬修不願意去付出。直到茱莉亞看清了自己一直在否定自身難受的情緒，也不願意承認馬修的態度有多固執之後，才總算從折磨人的處境裡解脫。

雖然失去婚姻讓茱莉亞感到傷痛，但她更難過的是失去了一開始跟馬修在一起時所珍惜的、永遠幸福快樂的美夢。後來，茱莉亞繼續為自己打造更好的人生，找到一位伴侶，願意與她一起渴望並創造具備真實意義，而且相互都滿足的關係。

許多離了婚的伴侶，在還沒有付出全力之前就放棄了。另一些人則是就算對方已經表態不願意為滿腹委屈的自己做出改變，依舊不離不棄。樂觀的人活在希望裡，相信自己的愛終有一天會讓另一半回到身邊。但有時，就如同那首歌唱的：「你知道何時該緊握，何時該結束。」不是所有的關係都可以或應該被挽救的，知道什麼時間點該下決定，是極為重要的一件事。有時，真相聽起來的確令人悲痛，但比起一直吃著辣椒卻想要找到甜的那一顆，痛苦程度終究是輕了一些。

16

世界上最短的一句話：「不。」你用對了嗎？

有個最短卻完整的句子，如果你在溝通時沒有使用它，就會跟過度使用時一樣，引發許多關係上的問題。是的，這個句子就是：「不。」為何不使用、誤用、過度使用這個短句，會在關係裡觸發這麼多問題呢？為什麼有這麼多人明明有需要，卻害怕說出這個句子呢？為何有許多人「感覺」想說卻不說呢？

為了找出這些問題的答案，我們得來看看這個句子在人際關係裡的涵義。「不。」這句話，是在拒絕接受某樣東西，並且明確地劃出一條界線，把自己跟想從自己身上獲得某樣東西的人隔開。這個句子也說明了，我們不願意配合他人隱藏起來或明確表明的渴望，同時還有收到不愉快反應的風險。由於多數人都比較想要聽到「是」，所以若拒絕配合對方，很可能會引發失望或憤怒。

為了不冒險去觸發他人的負面情緒，一旦遇到違背自己的需求或願望的情況時，我們還是會傾向配合對方提出的要求。但問題在於，我們在避免他人感到不安的同時，不僅是對另一半不誠實，也是在告訴對方，自己很樂意做任何他要求的事。

要是我們加深另一半對自己的期望，認為我們會實現各種期望的話，也會讓另一半在未來抱持相同的期待。當對方期待願望被滿足，而自己又不願意開口拒絕，那麼可能會提高雙方出現埋怨的可能性。若我心裡不願意卻習慣說「是」的話，終究會對那一位我覺得總是提出自私要求的人感到不滿。真相就是，我為了避免引發對方失望或生氣，所以選擇犧牲自己。

為了保全自己的真誠，有時必須冒險讓對方失望。雖然我們無法永遠阻止失望或憤怒情緒的產生，但可以有禮貌地拒絕滿足對方的期望，回應方式有很多種，譬如：「很抱歉，這對我來說不可行。」「我沒有時間載你去機場。」「幫你把訊息傳達給〇〇〇，讓我感覺很不自在，所以我不願意做這件事情。」「我很謝謝你願意讓我處理這件事情，但由我來做似乎不太恰當。」

「放棄個人的偏好，去支持另一半的喜好」，這是個不錯的想法。在良好的親密關係裡，雙方總是要有某些程度上的捨與取。不過，當動機是為了避免引發失望，而不是單純想要付出的話，就會產生問題了。

要在伴侶關係裡，添加更多的誠實性，的確不容易，還相當有風險，但若可以帶著尊重與體諒，執行起來就會有很大的不同。若無法對人誠實傳達「不」，我們就無法真心誠意地說「是」。

17

每個故事都有兩面，雙方都要承擔責任

多數伴侶諮商的轉折點，在於一方或雙方體認到兩人關係破裂，並非完全是其中一方的過錯。兩人當下面臨的關係破裂處境，是雙方一起造成的結果。儘管多數人可能都會點頭同意這一點，但對自己和伴侶承認自己有錯，完全是另一回事。

由對方負起責任，多少可以讓自己感到寬慰一些，也可以確認自己就是無辜受害的一方，這樣的視角讓我們減輕了原本可能得承擔的責備。畢竟，有時候另一半看起來顯然就是罪魁禍首呀！但無可否認的是，我們的視角也會因為自己的主觀性而出現偏見，結果就是雙方都沒有完整且正確地理解當下的情況，可能都認為自己的觀點是對的，而且是自己被對方不公平地傷害了。

因此，我們可能會認為自己要做的，就是讓對方看清現況的「實際面」，但就如同許多人在自身經驗裡的發現，這將是災難的前奏曲。還好，這段前奏曲是可以被打斷的，而且一旦打斷它，兩人的關係就可以從敵對轉化為真正的伴侶關係。

布蘭達與佛朗哥的親身經歷就是一個例子，能說明伴侶如何從本來都覺得自己是受害者的關係，成功轉化為彼此都滿足的關係。

布蘭達講話很尖銳，總是毫不猶豫地說出心裡的想法，還因為自己願意「直接抒發」而自豪，「表裡如一」正好可以形容布蘭達的特質。她和佛朗哥踏入婚姻十一年了。丈夫佛朗哥說話聲音輕柔，也會閃避衝突，形容他們的個性幾乎是「南轅北轍」。每當他發現布蘭達在批判自己時，就會陷入沉默，但這個行為卻讓布蘭達更惱怒。不過，他們不會吵起來，因為當佛朗哥感覺被攻擊時，就會拒絕加入布蘭達的戰火，這讓布蘭達更加生氣！

有一天，佛朗哥終於斷定自己無法再忍受兩人之間的冷戰，但是他一想到自己得面對布蘭達，講述自己受傷的感受，就十分害怕。「我知道她可能會生我的氣，儘管我們兩個人坐下來『對話』的時候，我的聲音在顫抖、靴子裡的腳也在抖，但我知道就算可能會被斥責或是失去婚姻，都必須做這件事情，因為我已經撐不下去了。」

在兩人對話時，佛朗哥還帶了筆記，以便確保自己談到了所有的要點。佛朗哥先謝謝布蘭達接受與他談話的請求，也向布蘭達打包票，等自己講完後，會很樂意聽她的回饋。布蘭達聽到後，停頓了一會兒，便點頭答應。

佛朗哥以展現脆弱面的方式開啟這場對話，而不是帶著敵意，所以一開頭便是向布蘭達道歉。

「我要道歉，因為過去幾年來我都沒有對妳坦承，也沒有讓妳知道妳對我說的許多話，讓我感到受傷和難受。我多希望自己可以對妳誠實一點，我很抱歉我沒有做到這一點！」接著，佛朗哥具體說明了布蘭達對他說了哪些話，以及自己有多生氣和傷心，還有自己不想再跟布蘭達說話，是因為要保護自己別再被攻擊。佛朗哥甚至還承認，自己保持緘默後，看到布蘭達的難受，還會覺得有些開心。

布蘭達信守諾言，忍住了想在佛朗哥還在講話時做出回應和打斷的衝動。佛朗哥講完後，謝謝布蘭達聽完自己的陳述，還表示：「我早就應該把這些話說出來了，如果我有說出來，過去這幾年的情況應該會大不相同。」

布蘭達對於自己剛剛聽到的一切，感到相當吃驚。

「我完全不知道你有這些感受！每次你不回應我的時候，我就認為你沒有任何感受。『佛朗哥就是這樣，就是一堵石牆，對什麼事情都沒有感覺。』有時候，我會發更大的脾氣，就是想要從你這邊得到一些反應，另外有些時候，我就帶著挫折又厭惡的心情離開現場。我完全不知道你在想什麼，只覺得自己的丈夫冷酷無情，但又具備一些我真心喜愛的特質。我不想失去你，卻也不知道該怎麼辦。我只好接受這樣的你，但在憤怒的表面底下，我感到孤單又失望。」

儘管這一次的對話並沒有立即終止兩人原本的相處模式，但開了先例，讓兩人同時看清這是雙方一起造成的處境，也知道他們都覺得自己是受害者，但雙方都要對這樣的結果負起部分責任。

一旦承擔起關係破裂的部分責任，就等於是把憂慮的焦點從伴侶身上轉移到自己身上，如此便可以大大降低彼此的防衛心與敵意。此外，因為願意扛起責任、展露脆弱面，所以也強化了自己的尊嚴與坦率。要做到這樣誠實地展露，可能會讓人有冒險甚至危險的感覺。但就跟其他富有價值的事物一樣，為了達到想要的結果，勢必得應對某些挑戰。相較於害怕承擔必要的風險，如果我們更想要達到期待的結果時，選擇自然就會出現了。當所謂的「受害者」在被迫成為看起來處於劣勢的角色之外，還看到其他選項時，就可能會變得坦誠，然後出面為自己爭取所需要的。此時，兩人之間的互動機制肯定會有所轉變。

沒有人可以保證事情會照著期望去發展，因此，在發現自己不再是受害者，而是共謀者時，就會覺得有風險。不過，可以保證的是，當我們看到自己盡了一份力量，最終將有益於自己及彼此的關係。此外，每個人都擁有這個選擇！

18 內向或外向，都得滿足彼此的需要

達尼爾是個安靜的傢伙，富有幽默感，雖然喜歡和朋友聚在一起，但人數不能太多，因為他在一大群人裡會覺得不舒服。他不是討厭人們，而是與人相處的耐受力有些受限，一旦到了極限，達尼爾就會搞失蹤。

艾莎是個高中英文老師，總是精神奕奕，聲音響亮、精力充沛、喜愛玩樂、信念堅毅、坦誠直率、十分健談，而她嫁給了達尼爾。

如果你覺得這一對佳偶只會出現在天堂的話，那麼你真是對極了！兩人結婚十六年，相處的狀況……這樣說吧……很緊張。達尼爾是個典型的內向者，每當需要補充能量時，傾向於尋求獨處和沉思的時間。壓力大的時候，比起他人的陪伴，達尼爾比較在意自己的陪伴，以及在獨處時釐清思緒。不過，達尼爾不是孤僻的人，一旦充飽

能量，就準備好與外界的人重新接觸了，但在此之前都沒辦法。

相反地，艾莎是需要藉由與人相處來補充能量，感到壓力大時，第一個想法就是去找朋友，最好還可以見個面，若不能見面，至少得通個電話。發電子郵件和傳簡訊都無法為艾莎補充能量，她需要的是實體的接觸。

艾莎：我愛上了達尼爾，因為我們之間有很棒的連結。以前我們經常會花好幾個小時，談談彼此生活中最私密、最深刻的事情。我很喜歡達尼爾的深度見解，以及他傾聽和理解的能力。我以為我們會永遠這樣下去，但……天呀！我錯了嗎？我不清楚發生了什麼事，但隨著時間發展，達尼爾越來越疏遠，情緒層面的互動也越來越少。我越是努力表達我的沮喪以及對親密感的需求，他就越離越遠。我曾想過要離婚，但依然抱著期望，希望他可能會變回以前讓我墜入愛河的那一個達尼爾。我知道以前的那一個他還在他內在的某個地方，我只是不知道該如何找出那一個他。

對於這段故事，達尼爾則是有他自己的版本。

達尼爾：當年認識艾莎時，我的人生正處於低潮期，剛跟交往四年的女友葛若亞分手。我對艾莎的埋怨一點也不感到意外，因為這與葛若亞抱怨的內容有些是重疊的。「他很疏離、遙遠、冷漠、內向。」葛若亞以前老是跟我說，跟一個不會分享自己內心，又花很多時間獨處的人在一起，非常惱人。當時我是喜歡葛若亞的，並不是對她沒了感覺，但她給我的壓力太大了。她認為合理的連結關係，對我來說卻充滿壓迫。

當葛若亞提出分手時，我沒有太驚訝。我的確愛過她，也期盼事態自然會找到出口。直到她真正離開我之後，我才開始感到痛心且崩潰！那個葛若亞曾經填滿的洞現在又空了，我的情緒直墜山谷，陷入憂鬱深淵，也開始懷疑自己到底有什麼問題，是哪個混蛋會把自己深愛的女人給推開？甚至也沒有嘗試挽回對方？當時我對自己發誓，要是自己有幸再找到一位相愛的對象，絕不會再犯相同的錯！

後來，艾莎與我相遇了，我們彼此深愛，我很感謝有機會再來好好表現。我們第一年的相處非常棒！我把所有時間都花在跟艾莎相處，我很喜歡再次進入交往關係的感覺，也以為這股感覺永遠都不會消失。

不過，這股感覺卻消失了。我們結婚滿一週年後沒多久，我開始感覺到一些以前就有的衝動，想要逃出來找時間獨處。這個轉變不是發生在一夜之間，而是個漸進的過程，但艾莎立刻就察覺到了！她發現之後，曾經試著點燃我們之間的熱度，但我卻開始覺得壓力好大。不用多說，她這麼做顯然沒用，情況還越來越糟！艾莎逼得越緊，我就更加退縮。她以為我是在懲罰她，但其實我沒有，我只是想要逃命而已！

我們陷入惡性循環，而且情況一直沒有好轉，直到使出最後一招才看到轉捩點，那就是去找婚姻諮商。我們還沒有完全走出困境，但已經在路上了，對自己與彼此都有了進一步的認識。

在應對壓力及滿足情緒需求時，內向者（如達尼爾）和外向者（如艾莎）有著完全相反的作法，對此，我們比較樂意稱為「互補」。內向者傾向於自我反省，找尋可以自在進入內心世界的空間；外向者則是相反，傾向於找尋可以一起互動的對象，從談話過程中找到問題的解答。這兩種不同性格類型的人會在一起，看起來似乎不合常理，但從關係的角度來看，其實是完全合理的。

與習性相同的人成為伴侶的話，親密關係可能會失去平衡。兩個外向的人可能會因為沒有時間靜下來休息和反思，而遇上累垮的風險。其危險之處在於過度負載，會使兩人之間變得緊張，而且可能增加壓力等級而不是減輕。

兩個內向的人在一起的潛在風險很明顯：缺乏外在刺激，彼此的熱度最終會呈現低落狀態。許多婚姻走向終點的原因，大多是因為忽視差異性而不去解決，所以兩個內向者建立的關係也會有各種風險存在。

然而，這不表示，婚姻中的兩人性格相似的話，就注定會以失敗收場。我們就遇過許多兩位都是內向者或外向者的伴侶，而且全都過得十分幸福快樂。每一段關係都有其獨有的挑戰，雙方的性格傾向並不是婚姻過程中最重大的變數。關係裡，最大的挑戰就在致力投入於滿足對方的需求，同時又不忽略自身的需求。

內向者與外向者都要面對重建自己對伴侶之看法的挑戰。在此過程中，可以用來取代批判的，就是感謝對方帶來的一切豐富了兩人的生命。這的確要付出努力，也確實得花上時間，但就如許多伴侶的親身經歷所顯示的，結果肯定非常值得。

19

對立或互補的兩個人會互相吸引

大多數人都發現自己會被完全不一樣的人給吸引，這看起來是給我們的天性開了個殘酷的笑話，不是嗎？要是吸引我們的，不是與自己有著天壤之別的對象，而是與自己性格近似的人，不是簡單多了嗎？由於大多數人都傾向把自己的方式視為「正確」的，所以時常企圖要說服旁人，採用自己的方法來看待事物，或是要他人變得更像自己一點。

試想一下，這些看似問題重重的差異性，是不是可能為關係增添樂趣和刺激呢？我們會被那些需求沒被滿足的對象所吸引，像是渴望愛、建立關係、安全感、支持、安慰；另一方面，有些未被滿足的渴望是與經歷相關的，像是探險、自由、風險、挑戰、強度。這些需求看似相互排斥，但其實可以並存，還會造成「對立雙方的拉鋸」，進而製造出激情。

當代的外在文化規範，已不再要求長期伴侶關係得要延續不斷，因此，製造內在動機成了關係能夠邁向成功的重點，而動機則來自於雙方持續共創迷人經歷的能力。儘管每段達到滿足的關係皆有安全、可靠、自在的特性，但若沒有興奮感、探索性、不確定性與一些分離來平衡的話，那麼安全感就會變成無聊，可靠會轉為冷漠，親密也會令人感到窒息，自在則會變成停滯不前。

對法國人來說，這種互有矛盾的情況不是什麼問題，反倒是值得慶賀的好事，所以遇到關係裡顯然出現衝突時，法國人不會罵「Merde」（媽的！），而是會說「Vive la difference!」（差異萬歲！）這是因為差異性可以讓關係產生互動、令人興奮，甚至還帶來幾分緊張感，不過，緊張與驚嚇之間還是有一條細微的界線，就如同安全感與自滿得意也是有區別的。

差異性會表現在許多面向上，而對立的人（更精確的說法或許是「互補的人」）會相互吸引：內向者與外向者、晨起人與夜貓子、隨性衝動與喜歡規畫的人、穩重踏實與追求刺激的人、愛花錢與愛存錢的人、喜愛探索新事物與追求安定的人。不可否認的是，我們會被那些性格與自身對立，具有互補特質的人所吸引。這些差異性除了會創造有趣的挑戰，也蘊含了關係能夠成功的重要源頭：化學作用。所謂的化學作用是，點燃衝動，讓人想要與對方建立關係的神祕特質。見到某人時，我們首先會注意到的是外表，不過，對方是否具有吸引力，則取決更深層的部分。我們內心的雷達會感覺，與某人在一起可以讓自己更完整，甚至更有活力；還有人說，「我愛你」其實是在表示「我愛我們的關係建立起連結時的所有經歷」。

當這股感受變得強烈之後，我們便會著迷上那個具有吸引力的對象。若這股吸引力是互相的，那麼我們就會發現自己掉入了迷戀狀態。只要有過經驗的人都知道，「迷戀」這種情緒可能會強烈到有被附身的感覺。直到冷卻下來之前，迷戀感一直都會在，這段時間可能是一週、一年，或甚至更長的時間。不過，這把火未必一定會燃燒殆盡，此時的挑戰是，雙方要在安全感與小鹿亂撞之間找到平衡。

當一方或雙方的情緒安全感不足時，關係就會變得不穩定，可能會出現焦慮的情緒，安全感也會減弱，而安全感是維繫情感連結的重要元素。同樣地，過度緊握安全感的話，則會降低興奮激昂的感受，因為在我們過度躲避情緒風險時，可能會不知不覺地把對另一半的愛情轉變為親情，遂而澆熄這一把火。

就跟風險過高會危及伴侶關係一樣，致力投入於持續保有和諧，也是具有威脅性的。若要維持平衡，必須有掌控雙方張力的能力。雖然我們難免會過於偏重某個面向，但可以透過校正來穩定局面。有時，我們就是得冒險偏著某個面向走下去，才能瞭解兩人可以走多遠，而且，也沒有一個固定的點可以確保永遠的平衡，這是一個動態過程，安全感與冒險心這兩個極端的平衡點會一直變動。

互補型差異常常引發一些會擾亂關係平衡的挑戰。我們可以把它視為待解決的問題，也可以把它當成加深彼此關係的成長機會。由於一生之中，人的內在傾向（內向或外向），不太可能會改變，所以，把它視為機會似乎是最好的選擇。不過，這是我們的看法，你自己覺得呢？

20

找出負面情緒，收回投射行為

我們在潛意識裡，會把自己的渴望與情緒轉移到他人身上，這就是投射作用。我們也會把心中難以擺脫的形象投射到伴侶身上，讓對方成為拿無情批判當作武器來折磨我們的惡魔。當我們把另一半看成自身苦痛的來源，那麼消滅對方的影響力就會成了我們的目標，我們可能會想要加重操控手段，期望能改變或壓制對方，但這一招很少能夠起作用。

若是因為不安而操控對方，就會在伴侶身上引發同樣的行為，導致整個循環越發嚴重，在這樣的高壓氛圍之下，另一半看起來就像是導致我們苦難的原因，但實情是，另一半只是觸發我們去看見原本就存在的東西。這看起來像是對方讓我們感到難受，但其實是我們的心門更加敞開，才會接收到另一半在我們內心喚起的各種感受。

隨著時間發展，這些被否定的感受會演變成崩潰、憂鬱與壓力相關疾病。由於我們沒有顧及內心所經歷的情況，整體生命的品質就減損了。但多數人都沒有意識到造成這種減損的緣由，便把對自己感受的責難投射到他人身上，而最有可能被投射的對象，正是與我們關係最親近的人。

我們把自己所棄絕的部分投射到他人身上，企圖逼迫對方承認我們的不悅都是他的錯，所以若對方改變了，自己就會比較開心。然而，隱藏在我們作為背後的訊息，正是我們沒打算要接受對方原有的模樣，若要得到我們的認可，對方就得做出改變。在此，我們不是在談論無法接受的行為，像是撒謊、偷竊、蓄意傷害他人，而是性格特質、感受、內在素質，例如精力充沛、害羞、憤怒、恐懼。

只要我們體認到這一點並收回投射作用，那麼不由自主的攻擊或閃避傾向就會開始轉弱。就算在我們感知到危險之際，保持開放和坦誠面對自我的能力也會變得更強，如此就會出現透過理解來化解衝突的反應方式，不再是抵抗而加劇衝突的情況。若可以學習與自己的心魔當朋友，害怕的感覺就會變得比較少，心魔操縱我們的力量也會變弱，同時，我們也不會再輕易掉入想要把心魔投射到他人身上的誘惑。

有個揭開投射行為的有效方法，就是找出我們回應他人性格特質時的強烈負面情緒。一般來說，反應越大，我們抗拒的這項特質就存在自己內心的可能性就越大。針對這項特質，我們可以更深入一步地探究自己感到不悅的地方，通常這樣進行探索時，就會發現自己的批判性反應底下藏有恐懼、嫉妒、羞愧。若可以在自己內心以及與他人相處之道上，找到和平共處的方式，就有可能收回投射行為。

由於在親密關係裡，我們會展露出最強烈的需求、恐懼與渴望，也就成了落實這項工作最好的機會，而此時此刻就是跨出第一步最好的時機。

21 放過芝麻小事，看重大格局

根據伴侶關係專家約翰．高特曼（John Gottman）博士的說法，婚姻諮商師與個案都花費太多時間在衝突管理上，但沒有用足夠的時間來打造他稱為「喜愛與情愛的機制」，簡單來說就是指促進彼此相愛、相互欣賞的行為。

高特曼表示，關係健康的伴侶，通常在每個沒有那麼愉快的互動之外，至少有五個愉快的互動交流。若關係裡某個面向有未解決的議題，那麼就得有五個其他相處融洽的面向，這段關係才會茁壯發展。

簡而言之，高特曼建議伴侶要「多做相處融洽的事情」，但不是鼓勵他們否定棘手的問題，而是要避免讓待解的議題占據一切，特別是當專注在棘手議題上的力道已經遮蓋了關係的積極面向時，更是要注意。雖然知道有待解決的情況是很重要的，但有時最好的選擇是暫時轉移注意力，將之放在關係裡更大的面向。

當兩人的注意力一直用在解決惱人的麻煩事務上時，一起玩樂、分享愉快經歷、帶入新奇事物，都可以為關係注入新的活力。我們很容易就把事情看成兩個極端，很棒或很糟、好幸福或災難一場、總是或從來就沒有等等，但實情是每段關係都會有起伏，有開心和不悅的時候。關係的整體健康程度，與開心和不悅的比率，以及當需要調整平衡點時，能夠意識到並致力投入比較有關係。

有時，我們會把芝麻小事看得比實際情況大上許多，如此一來就成就了自我應驗的預言，為自己引出最可怕的恐懼感。另外一些時候，情況正好相反。當我們沒有認真在意另一半的憂慮時，很容易就忘了「自認為真實的事，未必就是真實的」。

刻意選擇聚焦在另一半正向層面的觀點，讓我們可以轉移正面互動與負面互動的比率。看重大格局，能讓我們以正確的眼光看待另一半的不完美（每個人都是如此）。此外，肯定關係裡相處融洽的地方，記得另一半的正向特質，皆能強化兩人關係的品質。縱然大家都很想要改變他人，但沒有人有權這麼做；我們能夠做的，就是改變我們看待另一半與現有處境的方式，而光是這麼做，就能帶來很大的不同了。

22 你是完整的嗎？或只是「眼不見為淨」？

這個問題並不是在問你的四肢是否健全，也不是在問你是否完成了來到地球的使命。這裡的「完整」，是指自己的內心以及與他人相處時，都有十分平靜的感受，有些人稱之為「把待解議題都解決了」。至於感到不完整，則是源自於不去處理那些被擱置一旁的差異性議題，只是默默期望著它們會消失。但一般來說，這些問題不會自行消失。這就是所謂的「眼不見為淨」病症。即使我們在意識層面可以忘掉那些尚未解決的差異性議題，但這些未解決的衝突將會影響我們內心的平靜，無論我們是否意識到這件事。

當我們不完整時，會以多種方式展現出來，其中包含生理症狀，像是頭痛、心悸、恐慌發作、失眠、背痛、活力低落、強迫性思考、焦慮、易怒、憂鬱、高敏感性等。

儘管許多人談到不完整時，都會認為這是發生在人與人之間的事，但其實也會出現在個人的內心。一場談話可能就會擾動其中一方，但另一方卻不會有什麼感覺。雖然我們會想把沒有受到影響的人解讀成「不敏感」，但他未必在每一場對話中都不會受到干擾。此外，那些受到影響的人也未必一定是過度敏感。

面對批評時，每個人都有不同的容忍度，或許還會猜想話語背後的意圖。有時，說話者只是鬧著玩，但聽者可能會認為這是對個人的羞辱，此外，也有許多人會使用「只是開個玩笑」這句話，來為挖苦及傷害人的話找藉口。如果我們聽到傷害性言論，卻沒有把自己的感受告訴說話者，就會留下缺口。另外，如果我們表達自己受傷了，但說話者卻沒有打算好好回應，讓我們覺得沒有被理解，那麼肯定也是會造成缺口。

如果雙方都願意卸下防衛心，不帶責備地好好對話，那麼很快就能修復連結感（sense of connection），而且有時只需要一段簡短的對話就足夠了。不過，在有情緒產生時，我們很難不帶批判地傾聽和說話，甚至連溝通經驗豐富的人也覺得這不容易做到。藉由練習，每個人都可以練就傾聽時不帶情緒回應的溝通藝術。由於感到不完整的情況十分常見，所以我們始終不缺乏練習機會！

當我們感到不完整時，會出現以下幾種跡象：

- 無法理解要怎麼說才能表達這個問題。
- 沒有體認到忽視待解議題得付出的代價。
- 無法領會將不完整狀態順利處理好的益處。
- 無法相信自己或對方可以投身解決過程。
- 相信問題會自行消失。
- 混合前述不同的跡象。

前述情況會削弱我們正視問題的意圖，而付諸執行的關鍵則在於動機，若沒有足夠的動機，解決問題的可能性就很小。當前述情況消失時，承諾就會變得更牢固，而解決問題的過程將會強化正視不完整議題的信心與動機，讓雙方不會再想要躲避和忽視。完整處理好待解議題，永遠都不嫌晚！

23 不需要徹底解決才算好結果

我們在前一章談過了不完整，以及變得完整的力量，以下列出可推動這個過程的一些具體準則：

- 針對自己想要展開的這場對話，可以在開頭率先說明自己的期望，例如：「我希望這場對話，可以讓我們兩個人都感覺到更多的信任與理解。」「我覺得我們之間有隔閡，所以希望可以拉近距離。」
- 再次向伴侶保證，自己沒有試圖要責備或懲罰對方。
- 改變表達方式，改用「我們」，不再用「你」。
- 給伴侶提供一些方向，好讓對方知道談話過程中鼓勵你的最佳方式是什麼，例如：「如果你可以讓我把自己的感受解釋清楚，別打斷我，這樣對我會很有幫助。我覺得以前都沒有好好表達自己心中的擔憂，所以我想再試試看。等我講完後，我也想聽聽你的回應，我會盡力理解你。」

・在表達自己的感受、需求與擔憂後，提出希望伴侶回應的部分。若對方產生了防衛心，或是想要打斷你，就詢問對方是否可以先讓你說完，同時表示，如果自己感受到對方在傾聽自己的心聲，就能夠更加敞開心胸地傾聽對方想要說的話。

・由於你要求對方專心傾聽，所以也要同樣尊重對方。不要只傾聽說出口的話，也要聽取話語背後的感受。

・當你聽到對方說出你不同意的內容時，忍住開口糾正的衝動，晚一點會有時間讓你表達。記住，沒有表示不同意，並未必代表你同意對方。

・雙方一來一往，直到感覺彼此間的情緒能量降低，兩人都感到輕鬆不少。

・不論結果如何，在對話結束時，都要感謝對方與自己一起努力深化彼此的信任與理解。

對於不完整的狀態，並不需要徹底解決才算是好的結果，有時，我們需要多次對話才能讓雙方都滿意。倘若陷入僵局了，與其企圖突破僵局，不如先休息一下，之後再回來繼續談。

許多人對批評的話語會很敏感，所以防衛心越弱、越不要過度反應，我們就越有可能敞開心胸。逐漸熟悉解決不完整狀態的過程，更是打破閃躲習慣的好方法，也是我們能為親密關係所做的好事。雖然這需要一段時間學習，但人人都可以上手，比你想得還容易！

24

把「問題」重新定義為「挑戰」

當我們感到沮喪或失望時，很容易陷入負面消極的心態，或許會有這樣的想法：「人與人的相處不應該這麼難。」「我和不對的人交往。」「我本來就不適合談戀愛。」儘管這些想法感覺很真實，卻可能不是真的，但若你在腦中一遍又一遍重複想著同樣的念頭，那麼自己就會越來越相信它。同理，我們可以改用更負責任的念頭，譬如：「我很好奇，我們一直遇到的這些讓關係破裂的問題，跟我自己有沒有什麼關係？」「我覺得這裡頭一定有值得我學習的東西。」這幾個例子就是把問題視為機會，而不是狀況已經無藥可救的證據。

重建觀點是指刻意轉換觀點，好讓我們以不同的角度看待同一件事情，最好是能揭露新契機的角度。把「問題」重新定義為「挑戰」就是一個例子，「問題」這個詞本身給人一股壓迫感，但「挑戰」這個詞則是活潑、有生氣，所以簡單換個用詞，就可以左右我們的態度與能量。當我們陷入敵對的交流狀態，而且被引發憤怒，就會在情感上封閉自己，然後出現批判性的想法。這會導致自己的情緒過於激動，頓時感到十分無助。此時，我們傾向把他人看成妖魔鬼怪和敵人，那麼就會提高對方以相同態度回應的可能性。

如果我們可以把自己被危險敵人圍困的觀點，重建成雙方皆被強烈情緒控制的想法，就可以緩和負面的情緒旋渦。這並不代表我們要迴避自己的憤怒，而是體驗它，但不會對它做出反應。這麼一來，就有可能打破兩人造成的惡性循環。任何一方都可以主動重建觀點，而且讓緊張關係逐步緩和下來的可能性也會大幅增加。

關於這樣的過程，維克多．弗蘭克（Viktor Frankl）有著激動人心的例子。弗蘭克在《活出意義來》（*Man's Search for Meaning*）一書中，分享了自己在第二次世界大戰期間，被關押在四個集中營的經歷，他在這段期間失去了心愛的妻子與家人，更親眼目睹牢友相繼在集中營離世。不過，弗蘭克一直讓自己的心智保持活躍，規畫著自己被釋放後所要教授的課程內容，並運用集中營裡的例子，來闡述教導的要點。身為熱愛教學的老師，弗蘭克仔細深思了日後的教學課程，這麼做也讓他在難以想像的惡劣環境之下，還能保全自己的精神與身體。弗蘭克挺過了在死亡集中營數年的光陰，後來還實現了自己的抱負，運用親身經歷幫助其他人走出苦難。還好，我們當中沒有人得忍受弗蘭克在集中營的煉獄生活，但還是可以應用他的例子，讓深陷糟糕透頂狀態的自己能夠抱有希望。

在重構觀點時，需要以新的方式看待事物，這讓我們有機會去領悟以往沒能看透的一面，如此一來，就會把出現在生命裡的插曲視為機會而非問題。把那些讓關係破裂的問題轉換成挑戰，將會帶來新契機。藉由刻意重建觀點，我們就會開始相信自己可以走出磨難，甚至還會成長。

在有意識之下的苦難與學習，具備著潛在的轉換力量。我們可以開始學習領會這當中的美好，正如心靈導師史蒂芬．雷凡把挑戰指為「在地獄中繼續敞開內心」。痛苦的傷痕越深，我們獲取快樂的能力也越大，因為我們會挖掘出連自己都不知道其存在的內在資源（inner resources）。最重要的是，我們還可以與他人分享自己辛苦得來的智慧，包括周遭的小圈圈，還有短暫接觸過的每個人。

25

熟悉感不一定真實，不自在未必就不可信

查理的經驗談

幾年前，我報名參加一場知名心靈導師的講座，但我遲到了。對當時的我來說，遲到不算是新鮮事。我抵達現場時，講座已經進行了二十分鐘。入場時，我請門口的工作人員簡單說明我錯過的講座內容，對方停了一會兒後回應道：「相信你自己！」

我入座後，聽完整場講座，這天的主題內容是「自我信任」，但不是在談自我信任的真實涵義，也不是談如何培養自我信任，而是提出許多例子說明自我信任有多強大，以及自我信任能為生命帶來的變化。

講座結束之後，我對自我信任有了一些想法。在特定情況下，我們總是會有好幾個不同的自己，針對可採取的行動提出各自的意見。到底該相信哪一個自己呢？哪一個才是「真正的自己」？要選擇催促去冒險的自己，還是建議打安全牌的自己？要聽從那個說可以放縱自己、繼續吃第二盤義大利麵的自己，還是告誡我要拒絕誘惑的另一個自己？要靠向那個表示誇大每週運動時數沒問題的自己，還是那個要我徹底坦誠的自己？我知道（至少我相信）我有個「真正的自己」，也有個自我，但有時很難區分哪位是哪位。

隨著時間發展，我學會了辨別是哪個自己在說話，但還是會出現沒有十足把握的時候。然而，我學到一件事，那就是感覺熟悉的東西，不一定就是「真實的」，而感覺不自在的部分，也未必就是不可信的。

親密關係裡，我們就是非常偏愛熟悉感，而那個提出陌生建言的聲音似乎是錯誤的。不過，有時候，去做那些不自然的事情，正好可以破除那個不再有效的習慣模式。

以下是一些可以用來破除舊習慣模式的作法：

・頒布「責備禁令」，拒絕想要聚焦在對方做錯哪些事情的誘惑，扛起自己對當下問題該負責的部分，不再責備自己或另一半。

・拒絕想要從不自在感中抽離的誘惑，改採好奇、感興趣的態度，探究自己經歷的感受與原因。儘管有些互動過程會很痛苦，但願意去感覺自己的真實感受，就可以幫助自己釐清需求，以便與伴侶能有更真實的連結關係。長期來說，比起直接面對面，拒絕看清自己真實的感受，往往會帶來更多的痛楚。

・感到氣餒時，你可以重申自己的承諾，想想為何這段關係對自己很重要。

・若你盡了最大的努力，還是沒能達到預期的結果，就向外尋求協助（家人、朋友、專業人士）。

最後一點很重要，許多人都拒絕尋求幫助。但沒有人能完全靠自己，在沒有幫助和支援的情況下成功。只要擺脫對獨立性的迷思，我們就算是成功一半了。

26 親密關係是一種「終極危險的運動」

這麼說可能沒錯：有所承諾的伴侶關係大多有偌大的盼望與期待，希望我們與伴侶在一起時，會比沒有跟對方在一起還要快樂。不然的話，何必要在一起呢？可是，當親密關係勢必得走出迷戀期的時候，麻煩就出現了。Infatuation（迷戀）這個字的根源，是 foolish（愚蠢）與 deluded（迷惑），這是誘騙人類去繁衍的天性。這個「詭計」就是要我們相信，自己看見的、想的、感覺到的戀愛對象，都是「真實的」。過了這段暫時的愚蠢、迷惑狀態之後，肯定會進入另一個階段，一般稱之為「清醒期」，也就是會開始擔心自己可能對另一半有錯誤的第一印象。

迷戀期的長短差距很大，從數天到數年不等。我們認識一對結婚將近七十年的夫妻表示，他們從未脫離愛慕對方的狀態，但也有其他夫妻告訴我們，第一次約會時就看到對方的陰暗面，但還是選擇結婚。每個人都有陰暗面（亦稱為「陰影」〔shadow〕），若因為對方的陰暗面就認定他不是自己的理想型，恐怕會過著十分孤獨的生活。

每當我們吸引到某個人時，我們的狀態表現都是最好的，為的就是要留下最棒的印象，同時也會隱藏那些對方可能覺得沒有吸引力的性格面向，然而，對方可能也是如此。

過了一段時間之後，這場遊戲就開始令人疲倦了。「清醒」往往是雙向的行為，若伴侶不是自己認定的那一種人，那麼我們可能也不是對方所認為的那種人。有些人會責怪伴侶刻意展現虛假的一面，也有人會責怪自己無法成為對方認為自己「應該」要成為的那一種人，還有人認為婚姻制度本身就是個違反天性的爛主意，不過，還有少數人把彼此遭遇的困難視為寶貴的學習機會。長遠看來，最後這群少數人的際遇會好上許多。那麼，問題來了，為什麼有些人會選擇把親密關係這項挑戰，視為發展內在素質、力量與技能的機會，而其他人則是用非常不同的眼光來看待這項挑戰？

要把自己看成是受害者（遇到不盡責的父母、命運的捉弄、壞運氣、不懂得愛的伴侶等），還是掌管自己命運的經理人，全都取決於我們的觀點。以受害者角度過活的人，比較容易以更黑暗的角度來看待世界，還會感到無能、無助、無望，而且充滿怨恨與悲觀的想法。當我們一再抱持這樣的世界觀，就提供了「證據」，來證明「試圖改變看起來無可避免的事情，既徒勞又天真」。以受害者立場自居的「好處」，在於有了完美理由，可以閃避可能具有風險或是需要付出極大努力的作為，但其缺點則是會在生命裡助長一道深深的無力感。

把受害者立場替換掉的作法，就是將生命視為一連串的學習機會，但此時，我們通常得面臨防衛行為所帶來的考驗，因為這是歷經數十年所累積的。因此，想要改變累積許久的行為模式，不是件簡單的事，需要堅定的致力投入才能克服。

只要付出努力與實踐練習，搭配刻意的行為與取得的支援，就可以把過時的觀點和防衛行為替換成肯定生命的觀點，而且，一旦我們這麼做，就會發現自己活在全然不同的世界裡。

當我們選擇了這樣的觀點，那麼在意的焦點就會從他人的行為轉移到自己當下的感受。我們不再糾結於對方做錯了什麼，而是看看自己可以做些什麼來讓事情變得正向；不再強制脅迫，而是敞開且不隱藏；建立關係而非自我保護，表達而非壓抑，接受而非抗拒。同時，我們在設立界限時，也要有一定的智慧與辨別力，負起照顧自己的責任，不容許他人的不尊重行為。只要開始練習，舊模式就會隨著時間而逐漸失去掌控力，我們也就能逐漸擺脫它們的控制。

有所承諾的伴侶關係旅途中，充斥了各種危難，風險也很高，而且我們最看重的兩個願望也暴露在危險之中：與他人建立關係，以及自由自主的人生。因此，我們把有所承諾的伴侶關係稱為「終極危險的運動」。這場遊戲一點也不適合膽小的人，如果你準備好了，也找到了跟自己有相同意圖的另一半，那麼你就是最幸運的了，對方也是最幸運的。

27 當對話變得敵對，繼續對話就沒意義了

Schismogenesis（分裂生成）不是一個我們會經常聽到的詞彙，除非你正在為了拼字比賽練習罕見詞彙，或正好是人類學領域的研究員，否則不太可能會看過它。葛雷格里・貝特森（Gregory Bateson）與妻子瑪格麗特・米德（Margaret Mead），一起被視為二十世紀最受推崇的人類學家，並於一九三五年創造了「schismogenesis」這個字，用來指稱個人與群體之間的不純熟社會行為，其在著作《邁向心靈生態學》（*Steps to an Ecology of Mind*）的定義為「分裂的創造」。

schismogenesis 源自希臘文的 skhisma，意指裂縫、對立派別的劃分。貝特森希望研究人員可以找到方法，讓一方或雙方在事態到達毀壞階段之前，就能終止不斷加劇的誤解、情緒反應與溝通破裂循環。經過了八十多年，諮詢師、婚姻諮商師、研究人

員及一般大眾，仍舊在找尋處理人與人之間差異性的方法，目的是要改善關係，而不是將之破壞殆盡。

舉例來說，當伴侶在進行的對話已經變得相當敵對，而「分裂生成」讓事態轉向毀壞，那麼繼續對話下去就沒有什麼意義了。當緊張關係加劇，超過了清晰思考和不帶防衛心之反應的程度時，除非有緩和的跡象，否則就不可能取得彼此都滿意的結果。往往只要一小段安靜時刻，狀況就會冷靜下來，但在情緒極度激動的情況下，需要更長的暫時隔離才能恢復平靜。

然而，只是中斷直轉而下的情緒漩渦，未必就足以打破循環，往往還要有另一個要素也到位，才能夠以富有意義的方式重啟有效的對談，而另一個因素就是「意圖」。當怒氣沖天的兩人，利用暫停時間來助長自己的怨恨與不平時，其實是在加深憤怒情緒，並沒有達到緩和的作用，而且還會讓緊張關係繼續惡化。因此，除非這段暫停時間是刻意用來緩和個人的怒火，否則不太可能發生更加相互理解的結局。

我們在暫停時間裡如何安撫自己，在緩和過程中扮演著決定性的要角。重要的是，別利用這段時間來力抗「對手」，如此一來，才不會把對方視為敵人，而是看成夥伴。

一個促成和解的有效方法，就是把注意力集中能激發對伴侶產生同情、盼望與感激的思緒之上。譬如，你可以提醒自己，兩人過去曾經歷過很艱困的溝通交流，卻成功恢復了彼此親善的關係，或是告訴自己：「我很幸運能有伴侶願意繼續跟我討論這些難題，即便狀況很棘手，對方也願意堅持下去，並沒有遺棄我。」確實，這種自我對話並不容易做到，特別是當恐懼、憤怒或傷害激怒內心時，就更加困難了，但這麼做能夠把白熱化的激辯轉化為極具成效的對話。

打造出能夠安慰自己的故事，就可以幫助我們避免掉入「分裂生成」，也避開從失望滑落到敵對的狀態。能否熟練地做到這件事，決定了伴侶會陷入或是擺脫絕望的深淵。這樣的故事，可以幫助我們恢復平靜，讓我們放下敵對心態，以不具防衛心的方式，與伴侶重啟對話。

儘管這麼做並無法保證對方也會跟自己一樣敞開心胸，卻可以提升對方採取開放態度的機率，正如同防衛心會引發更強大的防禦力一樣，敞開心胸也會引來相對應的回饋。

即便關係陷入艱困無比的僵局，還是有機會和解。當我們意識到這一點，同時也明白必經的過程之後，就會有練習新技能的動力。為了擁有更和諧的人際關係而開始自我鍛鍊，悲苦的感覺便會逐漸消失，我們的能力與信心也會增加。或許這能成為轉捩點，在緩和緊張關係之餘，自己也獲得解放，彼此都能沉浸在合作關係的喜悅中。

28 吵贏的代價是雙輸

有個會危及到人際關係的普遍迷思，就是認為「吵架吵贏」是件好事。這個想法假設了吵架只會有兩種可能的結果：吵贏或吵輸。這是一場零和賽局，若不是贏家，就只能是輸家；在這樣的心態下，難怪許多捲入衝突的人會增強威脅、羞辱，以及各種抹黑人格的作為。「你就跟你媽一樣！」「難怪你的前妻要離開你！」「你是我認識的人當中，最自私的那一個！」「我受不了了，我明天就要打電話給律師！」這些都還算是溫和的例子！

另外，還有更不容易察覺的脅迫與操控手段，目的是為了動搖對方的立場，或是證明對方擔憂之處是錯的。吵架吵贏的手段多不勝數，但驅動人們吵贏意圖的動機數量並不多。最普遍的就是希望藉由擊敗對方，以避免預期會出現的羞辱與懲罰，或是失去權力，同時，在吵架過程裡，再次確立自己在關係裡的主導地位。

當信賴程度低的時候，雙方都可能強烈感覺到需要在意自己擁有的權力和掌控程度，原因是自己很容易受傷，也容易被操控及利用。但是，衍生出來的防衛與攻擊行為，卻無法有效遏制對方的攻擊，也無法修復受損的信賴關係，反倒會加劇問題的嚴重性，還時常引發更進一步的敵對關係。

因此，試圖藉由擊敗對方來「吵贏」，不僅無法解決問題，還會讓問題惡化。縱使看起來可能是其中一方贏了，但其實是兩人皆輸。在有所承諾的伴侶關係中，就算短期而言只有一方輸了，但長期來說是雙方皆輸。每當有一方認為被打敗了，或是放棄了，就會損害到兩人的信賴關係。

儘管激烈的爭論可能會結束，卻沒有解決根本問題，也沒有處理彼此的差異性。一旦出現這種情況，相互合作的精神就會被打破，雙方不再把對方視為隊友，而是以敵人相待。隨後，取代防衛行為的是脆弱感，坦誠溝通的互動也會被打斷，兩人更在意的是自我保護，而不是打造彼此都滿意的結果。然而，在這個過程中受到減損的親善感，卻是重建信賴關係與彼此尊重的必要元素。

此時，雙方各自握著不同的意圖，而且都把對方看成是對自己的幸福有危害的對象。雙方的主要動力不再是愛，而是懼怕。就算只有一方看起來比較像是生氣而非害怕，但其實兩個人都有畏懼的感受，而且都在盤算著不同的保護措施（例如：一方攻擊與一方退縮，或是一方恐嚇與一方遷就）。當一場爭論沒有解決那個被觸動的根本問題時，真正的問題點可能就會埋藏在內心，儘管敵對行為暫時休止，卻不是永久的解決辦法。

每當我們企圖以吵架吵贏的方式來解決差異性議題時，就失去了觸及相互理解的機會。雖然並非所有親密關係都是「來自天堂」，卻有許多比我們想像中更有潛力成為天堂般的關係。只要願意挑戰並終止那些根深柢固卻弊大於利的防衛行為，那麼結果可能會遠超出我們的期望。

29

面對真相是擺脫痛苦最直接的途徑

讀者和學生最常問我們的問題之一就是：「人際關係中的破壞因子有哪些？」所謂的破壞因子，是指伴侶不願意容忍的行為或條件。但由於「容忍」是個相對用詞，關乎每個人接受不同程度之痛楚的能力，所以這個問題的答案不會只有一個，而且也沒有至高的權威可以賦予或取消我們拒絕容忍伴侶特定行為的權力。

有些人可以容忍偶發的婚外情，但其他人歷經一次背叛就無法再相處了，而在身體或言語虐待、成癮、長期不誠實、不同的宗教信仰等方面，也有同樣的情況。然而，這不表示我們不必努力理解伴侶在信仰、待人處事等面向上的不同價值觀。情勢之所以會從行得通推往行不通，正是因為我們不願意誠實且直接地面對議題。

為了建立更深層的信賴與理解，需要敢「冒犯」伴侶，請對方考慮改變想法或行為。倘若酗酒的人沒有調整喝酒習慣的動機，又或者是為人父母者有一方不願意以尊重的態度，與伴侶討論育兒理念，那麼這些情況成為破壞因子的機會就會大幅提升。

假若某種行為對自己或他人會造成傷害，例如施虐或成癮行為，那麼關鍵就會落在施暴者與成癮者對修復過程的致力投入程度。若欠缺致力投入於改變行為，那麼關係就不太可能持續下去，反之，如果能夠堅定地致力投入，那麼就算是很嚴重的成癮問題，也可以克服與戒除。

不過，就算伴侶雙方都願意盡最大努力解決彼此的分歧問題，也可能無法阻擋某些情況淪為破壞因子。當關係中出現你無法接受的情況時，你容忍得越久，它就越有可能變成有害的毒。在有毒的不愉快關係裡，信賴、尊重、親善的程度會變質，並且惡化到讓人失去修復伴侶關係的動力。

要是伴侶接受了會引發極度痛苦的情況，等於是在冒極大的風險。生活在不真實的盼望或否定之中，只會在原本就無法忍受的情況下，帶來更大的痛苦。或許面對真相會很困難，但長遠來看卻是擺脫痛苦最直接的途徑。

縱然沒有辦法（也沒有必要）估算出每個人對問題的貢獻百分比，但雙方通常都會有感知過濾的情況，讓自己無法看到手邊全部的可用選項，此時，值得信任的朋友或專業人士就可以協助提出那些沒有被看到的可能性。

越早回應關係裡固有的差異，這些差異就比較不會惡化到變成破壞因子的地步。不過，有時儘管我們已經盡力了，還是得面對真正的破壞因子。在遇到本質上差異過大，無法縮減彼此差距的情況時，認清真相也是明智的作為；我們應該尊重這段關係，為現有的狀態畫上句點，然後繼續往前進。

承諾未必表示兩人無論如何都要永遠在一起，而是指會盡己所能地尊重對方的過程。有時，我們能做的就是嘗試接納另一半，或是接受對方的行為，但有的時候，表達愛意最好的方式是拒絕繼續容忍對方的傷害性行為。

不是每段關係都可以被挽救，而且在任何一段關係裡，瞭解和相信自己的限度與需求，是必要的條件。每一段有所承諾的伴侶關係，都值得我們盡全力做好，但若想要的目標無法實現的話，可能就該考慮B計畫了。

30

當對話轉為追求理解對方，爭論就走向和解

在面臨不同的觀點之際，能否避免爭論的機率，取決於是否有一方打算操控爭論過程，還是想要達成相互理解。假若有一方的目的是為了和解，那麼爭論的可能性就會很小，甚至是可以避免的。以下所列的原則可以協助營造對話，達到雙方都滿意的結果。

這需要我們有意願去……

- 在意圖中，列入「結果要讓雙方都滿意」這一項，並傳達給對方，例如：「我希望我們都可以傾聽並瞭解對方的觀點，這樣對話才能促成進一步的理解。」
- 在傾聽時，不要質疑對方說的話，稍後你會有時間提出來。

・重述你聽到的內容，用自己的話把所理解的內容講出來。你可以重複多次，直到伴侶認為你全都聽到了。

・在理解對方之後，謝謝伴侶，並詢問對方是否有興趣聽聽你的想法。若對方表示不願意聽，那麼就分享你對這場對話的感想。

・忍住想要批評伴侶的誘惑，把注意力放在自己的感受與需求上。

假使伴侶講了一些你不同意的事情，先讓對方把話講完，等到你可以回應的時候，也別嘗試說服對方承認哪些立場是錯誤的，而是直接把你的看法表達出來。當對話的情境轉化為追求理解對方時，語氣往往會從對抗轉為和解。只要認可對方提出的立場，以不強迫對方接受的方式表達自己的看法，即便有一方強硬地想要爭輸贏，另一方也可以拒絕爭論。收集有關彼此想法的資訊，無需裁定誰對誰錯，這樣的作法往往成效都不錯。

其中的關鍵在於當事人的意願，也就是願意放下操控手段，尋求沒有參雜敵對感的對話。情緒要能如此敞開，就得樂意冒險展現脆弱面，甚至在場面變得激烈之際，要拒絕出現防衛行為的衝動。

在面對強烈的情緒時，如果能夠保持這樣的態度（確實不是件容易的事），那麼對方很可能就會軟化下來，不再堅持自己的想法。這麼一來，雙方便可深入理解埋藏在彼此觀點後的恐懼與擔憂。

要是一方展現脆弱面，但帶有敵意的一方還是不願有所回應的話，那麼繼續這場對話則是不明智的。此時，比較有幫助的作法，是帶著不責怪的態度，告知目前處在無法突破的僵局，並提議雙方另外找時間再談。雙方有了冷靜的時間後，對於意見的接受度會提高，此時再回來面對議題，將會提高對談成功的機率。倘若帶有敵意的一方拒絕中止對話，就連暫停一下也不願意，那麼另一方只好盡可能以保持尊重的態度來脫離對話了。

爭論是可以避免的。只要我們認知到，透過強迫、操縱、控制來解決差異性是沒用的，那麼想要學習更有效的處理方法的動機就會大幅提升。一旦我們成為「有意識的鬥士」，而不是憤怒的敵人，那麼以尊重的方式與他人對談的技能就會越來越熟練，同時也能守住自己的立場，並且尊重自己所相信的真相。

31 引爆衝突的，是差異性以外的事情

爭論這件事情就跟雪花一樣，每個都是獨一無二的。就算伴侶表示兩人總是在吵一樣的事，但通常都可以觀察到他們的用字、肢體語言、語氣方面都有小小的差異，有時甚至是非常微小的不同。不過，這些差異並非是爭論的細節所造成，像是誰都沒在倒垃圾、誰花太多錢購物等，而是伴侶各自的情緒觸發點所引起的。所有的爭論都有一個共同點：引爆衝突的，是差異性本身以外的事情。

觸發事件可以帶領我們通往藏在暗處的根本問題，而且這些問題都必須找出來應對才行。以下是可能會觸發衝突的一些因素：感覺受到威脅、焦慮、受傷、不被愛或未受重視、害怕失去愛，或者是觸碰到童年未癒合的傷口。

要是焦點落在爭論的細節上，而不是深藏在背後的情緒，就會干擾恢復的過程，

因為這樣的焦點轉移肯定會阻礙解決問題的進程，並引發更多誤解。一旦體認到兩人偏離正軌了，就可以校正方向。只要藉由練習，伴侶兩人就能一起避免掉入無用策略的陷阱。

下方列出一些準則，可以協助伴侶保持在正軌上，與練習所謂的「有意識的戰鬥」（conscious combat）：

- 誠實相待。儘管這是明顯該做的事，但許多人很容易為「善意的謊言」等不誠實的行為找藉口，例如：誇大其詞、捏造內容、真話說一半、委婉用詞。說到底，有誤導的意圖就是一種不誠實的行為。
- 不要使用負面的詞彙來辱罵或指責伴侶。若在爭論過程中，脫口說出不好的話，一旦察覺到時就要趕緊道歉，並負起責任為自己怒氣背後的感受提出說明（像是恐懼的地方或受過的傷害）。假使是伴侶責怪你，你則要試著克制想要回以責罵的衝動。
- 與伴侶達成協議，只要有一方生氣暴怒，兩人都不要觸碰對方的身體，直到怒氣冷卻下來之後，才可以有肢體接觸。

- 不可以對人、牆壁或任何地方扔東西。只要不是蓄意傷害或懲罰對方，而是想要排除壓抑在內心的情緒，而且不會因此無法再敞開心胸，那麼以口語表達憤怒情緒是沒問題的。
- 避免威脅對方或發出最後通牒。脫口說出「太煩了！我要大叫了！」與威脅離婚，兩者之間有著很大的區別。或許離婚是個正當合理的選項，但激烈爭論的當下並不是討論離婚的時間點。
- 說話方式不帶責備、不帶批評。責難與評判只會讓伴侶出現防衛行為。
- 運用暫時隔離。達成協議，同意在任何一方感到憤怒之際，都可以提出暫時隔離的需求，雙方都有權力在需要的時候選擇暫停一下。
- 溝通表達自己的感受與需求，而非意見、判斷或評論。
- 只有在被徵求意見的時候，才可以提出建議，但還是要謹慎發言。
- 放慢速度。開口說話時，花點時間停下來反思，抑制想要加速溝通的衝動，就可以協助感受自己的情緒，並減少脫口說出之後會後悔的話語的情況。

・記得要表示謝意。對談要結束時，就算沒有解決任何議題，也要記得向伴侶表達謝意，這麼做有助於提升親善關係，以及讓彼此敞開心胸，這是人際關係中最重要的兩個特質。

此處所討論的都是一些基礎事項，即使照著這些準則行事，也無法保證差異性不會演變成衝突。但是，假若我們照著做了，就算出現「又來了！」的無奈感受，也比較有可能保持聚焦。由於最美好的人際關係也會遇到狀況不好的時候，因此，藉由實踐練習本書提供的準則，我們就可以把關係破裂的可能性降到最低。

這些走出人際關係之挑戰的技能，需要時間的淬煉，但起始點就是要有共同的意圖。這沒有捷徑，我們也躲不掉挫折和失望的時刻，但只要按照本章概述的作法，就能降低發生這些不良時刻的機會，也可以減輕發生時的嚴重程度。生命裡任何有價值的事物皆包含付出與收獲，但就人際關係而言，收獲往往會大於付出。試一試吧！或許你會感到無比驚喜！

32

暫時不尋求正確答案，也是在做一些事

我們的人生裡都有過一、兩次這樣的經驗：必須做出決定，卻有著「兩種想法」，也就是這兩種想法皆具備充足的理由，所以選擇任何一個都可能會讓我們失去潛在的好處，或是因而得經歷不好的後果。看來兩者的利弊得失可能會相互抵消，所以不可能同時滿足兩者的期望，這時該怎麼辦？

這種困境以無數種形式展現在各種人際關係裡。一九八〇年代衝擊合唱團（The Clash）的歌曲〈欲走還留〉（Should I Stay or Should I Go）有充分的演繹，歌詞不斷重複詢問困惑的自己，到底是否該留在這段關係裡？因為這段關係顯然有好的一面，但也有壞的一面。

「兩種想法」的狀態，不只是關於繼續或結束一段關係，也會出現在沒那麼嚴重的事情上，例如：「該照著對方的想法做嗎？還是要堅持自己的立場？」「我要冒著可能傷害她的風險，說出真相嗎？」「我應該講那些我覺得她想聽的話嗎？」等等。

出現這種兩極化的情況時，最重要的不是我們得問什麼樣的問題，而是我們向誰詢問意見。面對看似衝突的因素時，大多數人會傾向於尋求他人的建議，大家通常也都願意提出自己的見解，但儘管是出於好意，很多時候他人的意見無法讓我們解脫。

需要釐清問題之答案的人，正是提出問題的人，那就是我們自己。可是，如果我們一直嘗試要回答這個問題，卻無法找到看來合理的答案，那該怎麼辦呢？什麼都不做，休息一下，暫時不去尋求「正確答案」。其實這也算是「正在」做一些事情，那就是本篇標題鼓勵我們去做的事情：維持對立雙方的緊張關係。持有兩個相互矛盾的選項，與試圖做出決定，兩者有很大的不同。

有時，陷入令人沮喪的困境時，最好的方法就是容許自己休息一下，這能讓我們有更深入的理解。過度的努力可能會成為阻礙釐清思緒的最大一顆絆腳石，一旦整理好自己的想法，我們就比較容易看到可能的作為，因為在著急著做出二選一的決定時，我們會看不見這些選項。

當問題沒有解決時，可能會引發焦慮，不過，雖然盡早解決問題是好的，但有時暫停休息一下卻是加速解決問題的最好方法。有時，抑制想要做某件事情的衝動，可能就是我們回應難解困境的最佳方式。進入到「什麼都不做」的狀態時，釐清的情況就會在意想不到的時候現身。

33 堅持某種論斷，就無法更新失準的判斷

我們在日常生活中總是在做各種評估，衡量特定情況下的風險、代價、好處、行為適當性。在人際關係裡，我們同樣要做這些判斷，但有時卻忘記了這都是主觀判斷，而認為自己的觀點相當客觀正確，進而養成了評判行為，這對人際關係來說相當有害。此外，堅持固定不變的觀點也會招來相反的意見，進而面臨衝突。

評判行為可能會很危險，因為一旦我們執著於某種固定的特質之後，就很難以不同的方式看待事物（或人）。堅持某種論斷會阻礙我們接收與自己現有觀點相左的新資訊，導致我們無法更新已失準的判斷。大多數人都傾向有意識和無意識地尋找資訊，並以鞏固既有觀點的方式來解讀資訊，這樣的過程稱為「確認偏誤」（confirmation bias），而且每個人都會有這種行為。

保羅付出了相當大的代價，才學到這一課！他在與妻子古奇的夫妻關係裡，一直都很自我中心，又相當冷漠，控制欲也很強。當妻子大聲宣告她不願意再容忍丈夫不尊重人的行為之後，保羅道歉並承諾自己會改過自新。

保羅被妻子的一番話給嚇到，下定決心要成為在婚禮誓詞裡承諾要成為的那一種充滿愛的丈夫，更決心成為理想的人生伴侶，所以開始專注做一些他認為會讓妻子開心的事。

保羅埋首在自我成長的書籍、工作坊、諮商裡，也買花給妻子，關心妻子一天過得好不好，更不會期望妻子凡事都要等他。每當妻子想要跟他說話時，保羅就會關掉電視，專心聽她說話。可是，無論保羅怎麼做，妻子仍然用以前的觀點來看待保羅。

這就像是妻子古奇在好幾年前為保羅拍了一張照片，然後把照片放入相簿裡，卻遲遲無法翻開相簿的下一頁，還是看著同一張舊照片。古奇等著證明保羅不可信任的證據出現，而人是不完美的，所以古奇很快就收集到保羅的欺瞞「罪證」。她對此零容忍，也不願意原諒保羅，更不願意在保羅不小心重現舊行為時往好處想，就算那行為是短暫的。古奇的座右銘是「被騙一次是對方的錯，第二次又被騙就是自己的問題了」，所以她深信著保羅的過去，不讓他有資格擁有第二次機會。

儘管保羅下定決心了，但最後還是覺得繼續努力也沒有任何意義，因為在妻子看來，直到他被證明是無罪之前，都是有罪的。保羅也得出結論，認為自己無法控制妻子如何看待自己。

古奇執著於自己的判斷，導致無法讚許保羅的變化。一旦在信任破裂之後，都需要時間才能重建，縱然保羅讓古奇有不信任自己的理由，但古奇也助長了兩人婚姻的惡化，因為她持續聚焦在保羅的舊行為，看不到自己也在加深這段關係的破裂情況。

最後，當保羅告訴古奇，不會再試圖證明自己的愛時，古奇便把這視為保羅一直都在假裝的進一步「罪證」。沒多久，保羅確定了，就算自己盡了全力，也無法說服古奇去看見自己的愛有多真誠。

古奇堅守自己的判斷，確實讓自己免於遭受往後可能會出現的失望與痛苦，但這道保護力最終卻結束了兩人的婚姻。

然而，古奇並不是這場婚姻裡唯一一個犯了論斷罪的一方。以前，保羅曾經評判古奇，指出古奇不配擁有她所要求的尊重。很可惜，保羅太晚才改變對待古奇的態度，使古奇早已有了確認偏誤。

最後一次與他們聯絡時，保羅已經再婚，並表示自己學到了教訓，而古奇則是單身，而且沒打算再婚，她表示：「不是我沒有辦法釋懷，只是我很清楚自己不需要結婚也能幸福。我過得很好，謝謝。」但真相如何，還是值得懷疑。

34

在雙方開口說話前，對話就已經開始

查理的經驗談

這些年來，我聽過也應用了所謂的「慎選戰役」，這也是我很常提出的建議。這句話的意思是，每段關係都有許多待討論的議題，伴侶對這些議題會有不同的看法，但應該要好好想想有哪些是值得拿出來談論的。伴侶在許多時候都會有不同的觀點，從相對無害的決定，如選擇餐廳或看哪部電影，到投資決策與讓孩子接觸哪個宗教，全部都是。「慎選戰役」的看法是：針對每件小事都爭論不休，實在不合理，也看不到成效。

表達自己的喜好，並不等同於試圖脅迫伴侶同意自己的觀點，或是操控伴侶採取符合自己期望的作為。確實，有些事情值得堅持想法，但不是每件事情都得堅持，關鍵在於要能夠辨別其中的差異，才能讓兩人免於遭受許多不必要的痛苦。在區分差異的過程中，首先要在腦海裡構建情境，而下定義時所使用的語言，不管是沒說出口的想法，還是大聲傳達的意見，都具有很大的力量，會為隨後的對談交流構建起背景。

要是我們把事件想成「戰役」的話，很容易讓雙方採取敵對的立場，因為戰役本來就會有贏家與輸家，代價還會很高。此外，就算意識到採用戰役的姿態具有危險性，也不足以為對話帶來「雙贏」的目的，甚至連「雙贏」一詞也是在暗指對立雙方的競賽。伴侶不可能在每件事情上都取得共識，關鍵在於要體認：在雙方還沒開口說話時，對話就已經開始了。對話的開端是雙方展開對話的意圖，以及用來定義對話的語言。

比起戰役，選擇是否要採取立場，以及如何採取立場，比較有可能發展出相互尊重的對話，而不是對抗性的鬥爭。「採取立場」（take a position）與「表明立場」（take a stand），兩者之間是有差異的。表明立場，採取的姿態是不帶批判、威脅、最後通牒、不請自來的意見，卻能果決表達自己的想法；而採取立場，則往往會帶有前述的一到兩種姿態。

我們在表明立場時，不一定要用咄咄逼人的語氣來說話。其實，如果事先準備好如何清楚表達自己的觀點，就不需要以音量取勝，那麼，對方聽進去的可能性也會比較大。自我反省可以讓我們帶著尊嚴，沉穩地說話，也能讓他人更容易接受我們傳達的訊息。

當我們把交流看成一場爭輸贏的戰役時，就會把注意力集中在對方身上。我們會想要找出對方的弱點，好發動攻擊來削弱對方可能戰勝我們的意願與能力。這勢必會讓人滋生反抗的想法，以至於開口說出第一句話的時候，就已經把差異演變為衝突了。身處戰役時，專注在對方身上，會讓自己感到比較安全，因為對方象徵著威脅，而我們要留心潛在的危險。

最好的防衛就是有好的進攻，這個概念適用於有肢體接觸的運動，但用在親密關係裡尋求的觸碰就不妥當了。我們應該在對方表達想法時，將注意力聚焦在伴侶身上，全神貫注地傾聽，試著理解對方的感受與其中的原因，就能建構起具有同理心的關係連結，進而讓對方的內心更為敞開，強化信任感，同時也會提高對方以同樣的方式回應的可能性。

把意圖從「戰勝」轉移為「創造讓雙方滿意的結果」，這做起來一點也不容易，特別是遇到我們有著強烈喜好的事物時，更是難上加難。不過，這並不表示我們得要妥協，落得雙方的需求都沒有被滿足的境地。伴侶之間的差異，大多都不至於過於嚴重，只是有的挑戰性很高罷了。遇到這種情況時，切記，我們採取的方式會深深影響結果，手段與方法會決定後果！不管我們最後有沒有獲得自己想要的，「不計一切代價」的態度不太可能創造讓雙方都滿意的結果。

當我們能打破以防衛與進攻的反應來回應差異性的習慣，就可以看到人際關係大幅獲得改善，同時，我們也已經邁出最重要的一步，不再有敵對的自動反應，而這一步足以扭轉整體局勢！

35

談話時圍繞著自己的期望，而非責怪對方

星期天早上，珍妮佛和艾倫享用完早午餐，正在廚房裡清理。

艾　倫：親愛的，我覺得最近我們之間有一些距離，我想跟妳談一談我的擔憂。因為我覺得我們都在忙工作，已經開始想念妳了。

珍妮佛：嗯，我就在這裡，如果你想聊的話，隨時跟我說。

艾　倫：我們最近的談話內容，都是在講家裡的事，我們沒有時間像以前那樣親近，我很懷念以前的時光。

珍妮佛：嗯，這就是結婚成家後會發生的情況，不是嗎？蜜月期結束後，就是得回頭去照料其他事情。

艾　倫：就算許多人是這樣，也不表示我們也得這樣。我知道，我們一定會失去一些曾有過的活力，但對我來說，沒有什麼比我們之間的關係品質更重要，我不願意眼睜睜看著我們的關係走下坡，卻什麼都不做。

珍妮佛：「走下坡」？這是什麼意思？我們之間的關係有那麼糟嗎？

艾　倫：也不完全是那麼「糟」，只是不是我想要的樣子，但我知道我們可以做到我想要的程度。妳說的對，我們把工作和煩惱排在最前頭，所以我們的關係就被推到後面了。我發現，最近我會因為我們之間的疏離而感到失落。我不是在怪妳，我也跟妳一樣被生活裡的雜事給占據。我只是想盡早解決這個問題，以免六個月或兩年後，我們的關係出現意外。

珍妮佛：嗯，你丟出這個議題的時機點非常糟糕，你知道星期天早上是我唯一可以真正放鬆的時候吧？我正準備要看一部電影的！

艾　倫：沒關係的，珍，我們沒必要現在就談這件事情。其實，跟妳講出我的感受之後，我已經感覺好多了，我很高興妳也希望我們之間的關係可以更好。

珍妮佛：肯定是。

艾　倫：要不然我們選一個時間？不要有小孩、工作、電話或其他事情打擾我們的時間？

珍妮佛：（帶著諷刺的語氣）當然沒問題！什麼時候呢？明年？

艾　倫：（回以諷刺的語氣）我想，明年之前我們或許會有時間。

珍妮佛：像是什麼時候？

艾　倫：星期六早上怎麼樣？那天妳不用上班，我也可以不去上有氧運動課，我們就會有一整個早上的時間。

珍妮佛：那我們要幹嘛？

艾　倫：隨便我們想要做什麼囉！這就是我們的目的呀！我們的生活感覺都是工作，完全沒有樂趣，就是因為每天的每一分鐘都安排好要做正事了。要讓生活有些美好的時光，唯一的辦法就是安排樂趣。

珍妮佛：（帶著諷刺的語氣）真是浪漫！八點吃早餐，九點做愛，十點購物。

艾　倫：拜託，珍！若要確保我們有空閒的時間，沒有任何事情會來打擾我們的話，唯一的方法就是安排時間呀！我很想要這樣做！要不然，其他事情就會繼續不斷消耗我們的時間和精力。況且，我們現在也沒有要安排什麼特別的事，就是給自己三、四個小時的空閒時間，好讓我們可以做任何想做的事。

珍妮佛：聽起來不錯，就這麼辦！

這個場景看起來可能有幾分熟悉，不過對許多人來說，這場對話可能早就破局了。其實，這場對話是關於達成雙方都願意致力投入的協議。若這場互動看起來有些不切實際又過於順利，那就來看看它之所以沒有惡化成大吼比賽的原因吧！

如此順利的原因之一，是艾倫談話的出發點一直都繞著自己的期望，完全沒有直接或間接責怪珍妮佛沒有滿足自己的需求。艾倫負責提供計策，期望可以打破兩人被圍困的現況，也沒有展現出敵對的態度。

就算有什麼批評的想法，艾倫也沒有說出來。艾倫展現誠實，同時富有敏感度，卻沒有像走在鋼索上那般擔心受怕，而是專注在自己的擔憂上，更沒有壓迫伴侶要滿足自己的期望。要是在過程中，艾倫的態度突然轉為批判，或是出現情緒反應，就很可能造成生氣、不悅的下場，整個結局會迥然不同。只要我們的感受沒有那麼煩躁，也沒那麼失落的話，對方就比較不會出現防衛性反應，因為情緒安全感可以提高建立有意義之關係的機會。

艾倫在表達自己的擔憂時，所使用的詞彙與語調一樣重要，認真但不嚴厲，清楚但不嚴肅，有承諾但沒有打算控制對方。有時，伴侶會拖太久才面對待解議題，因此，當有一方提出擔憂時，聽起來就像在生氣，這是因為在心中反覆咀嚼感受過久的緣故。越早提出問題，那些深埋內心的怨恨污染溝通交流品質的可能性就會越低。

有意義之關係的建立，需要有高度的透明性。當關係達到這種程度，伴侶雙方的內心都會很平靜，彼此之間也會感到安穩，更能夠隨性對彼此表達感謝。

將這些全部集合在一起，便是增強彼此情緒滿足的公式。即便在最美好的關係裡，沿途還是會有遇到顛簸的時候。把這些起伏視為必然，就不會覺得對方是在針對自己，也能夠以非防衛的心態來溝通交流。如此一來，整個世界就會不一樣了！

36

你能給伴侶的最佳禮物，就是快樂

查理的經驗談

就跟許多人一樣，我從小就認為婚姻需要自我犧牲，而且是很大量的犧牲。我以為成功的伴侶都把對方的需求放在自己的需求之前，只要自己的喜好與對方不相符，就得要捨棄。因此，我不是很憧憬結婚，但埋藏在我獨立、厭惡承諾的外貌底下的，是那個渴望關係、感情、（誠實一點）可以定期做愛的我。所以，我在二十五歲那年就和琳達結婚了，但當時我的心情其實有些複雜。

特別是在我們關係的初期，我最大的挑戰就是拆解那些跟著我一起進入婚姻的不友善信念，而且這個過程比我預期的還要困難得多。然而，我現在可以很高興地表示，大致上已經達到我一開始的預期與盼望，有些甚至還超越了原本的期望，我成功證明了「自己從歷代祖先那裡承襲的觀念，有許多都是錯誤的」。

要徹底打破好幾代人不斷強化的一連串信念，這項挑戰實在很難對付。儘管我不能說：「我完全做到了！」但我可以說，我還在繼續面對這項挑戰！我很高興發現以下觀念都是錯誤的：以為別人的幸福比自己的還要重要；以為當摯愛的感受不佳時，自己快樂就是自私或冷漠的表現。

在應對這些誤導人的觀念方面，琳達給了我最大的幫助，因為琳達剛好也有一些相同的錯誤理解。琳達讓我看到，我不必為了婚姻而犧牲成為烈士，也不必捨棄自己的快樂，此外，為自己打造滿意生活的責任，就跟為妻小做的任何事一樣重要。對於「不管你帶多少錢回家，我們都不想要一位不快樂又憂愁的丈夫與父親。」這句話，我大約聽了五千遍，才總算聽懂了！

非常慶幸的是，琳達既有耐心，又有毅力。這些年來，我越來越清楚，自己生活體驗品質的重要性，不亞於其他人的，如果沒有照顧好自己的生活，勢必得迫使其他人擔起這項責任。確保自己的需求被滿足、對生活感到滿意等，並不是琳達或任何人的工作。或許這就是我學到最寶貴的一課，而且我還在不斷重新深入學習。

大多數踏入伴侶關係的人，都是在尋求想要獲得的東西：愛、關注、安全感、快樂、陪伴，以及將注意力移開不快樂的感受和想法。不過，當我們不再要求伴侶負起責任來滿足我們的需求，以及讓我們幸福的話，一切就不同了。這也許是我們可以做的事情當中最重要的，可以確保兩人的關係都達到相互滿意的程度。

「照顧好自己」不是自私的行為，而是必要的作為。我和琳達在一起超過五十年，而她給我的眾多禮物之一，就是讓我知道，我能給琳達的最大一份禮物就是我的快樂。為此，我無盡地感謝。

37

把關係的品質列為優先，享受冒險與安全

琳達的經驗談

我和查理剛開始談戀愛時，最想要的就是一段有所承諾的伴侶關係帶來的安全感與自在。我成長的家庭裡，總是不斷在爭論與對抗，所以我決定自己成年後不可以重演那樣的生活。我渴望找到自認為可以提供這種生活的伴侶，也找到了這麼一位伴侶。可是，事情的發展完全不是我想的那樣。我與查理的關係，比我預期的更有衝突，也不是那麼平靜。

從觀點、期望，甚至是價值觀來說，查理和我似乎差距很遠，所以我經常擔心我們無法走到最後。之所以能走到今天，我認為是有努力、決心、愛與良好的

幫助，而且我們倆都得進入彼此的世界。隨著時間發展，查理逐漸軟化了尖銳又頑固的態度，而我也變得更加靈活，並學會放下一些固守的信念和期望。

人類與生俱來就渴求擁有自在、可預測性與安全感，只是程度因人而異。我的性格偏向謹慎，而查理則是往光譜上的風險端靠近。最後，我發現，光是靠安全感無法建立良好的關係。關係過於穩定或倚賴時，我們可能會感到沉重、束縛、囚禁，甚至還會有窒息感，因此，除了往下扎根，我們也都需要能帶我們飛翔的翅膀。

許多人都選擇了可預測性，而不想冒著不穩定卻能帶來成長與改變的風險。但就長遠來說，執著於可預測性，將會榨乾一段關係；一直尋求安全和自在，還會招來無趣、自滿，最後就會停滯不前，正如「多了就是不好」的老話。

不開口說實話、需求被壓抑、渴求被剝奪等，都是為了避免發生衝突，想要保持和睦。這時，那些讓人有安全感的作為，開始感覺像是牢籠。

許多親密關係裡，兩人各自握著兩個極端（冒險與安全），而絕佳關係與良好關係的區別，在於每位伴侶都能夠欣賞並尊重這兩個面向，還可以在兩個極端之間移動自如。此時，親密關係就會充滿活力，有助於一同創造生命，而非共生依賴關係（codependency，譯注：指過度依賴對方的不健康人際關係）；伴侶雙方在感到放鬆之餘，還會有熱情點燃共有的生活。

戀愛的伴侶關係之中，有許多不同的極端與能力在交織作用，像是給予與接受、採取行動與陷入深思、情緒感受與理性思考、獨立分離與親密聯繫。雖然少有人會同時接受二元面向，不過，我們倒是可以學習欣賞伴侶的能力與價值，因為伴侶給彼此關係帶來的特質傾向，是我們不會自行發展出來的。儘管我們天生的傾向很可能會主導我們的習性，但藉由實踐練習，以及留心觀察伴侶並效法學習的話，也有可能強化我們那不具主導性的一面。

為了避免極度可預測性所帶來的沉悶，雙方都需要全心全意，努力深化彼此關係的熱情與生命力。藉由把彼此關係的品質列為優先考量，我們就能大幅提升雙方享受足夠冒險與安全的可能性。

有一些方法可以協助均衡發展冒險與安全，並在這兩個極端傾向之間取得更好的平衡位置，如下：

· 固定頻繁地相互問候。
· 練習自我反思，留心自己的需求，並觀察自己的需求被滿足的程度。
· 每當你想要感謝伴侶，或是有不滿情緒的時候，都要即時表達出來，不要埋在心裡。
· 採取行動來傳達對彼此的感謝，也是表達愛的方式。

充滿熱情的親密關係，需要有願意坦誠的心，也要能以誠實、有禮貌的方式來表達自己全部的情緒。至於挑戰之處，則是要以接受的角度來對待伴侶，也要讓自己全然被看到。只要我們的每個行為都反映出這些原則，那麼在關係初期令人著迷的發掘新鮮事的興奮感，就可以在整段關係中持續並加深。

若要相互欣賞的火焰不斷燃燒，需要雙方持續走在成長和發掘新鮮事的旅途上。就算關係已經變淡了，還是可以有不同的選擇，這件事永遠都不嫌晚。改變現況會有一些風險，但比起它帶來的潛在好處，風險很小。冒險與安全、熟悉與新奇之間的平衡點，正是讓親密關係持續閃耀數十年的特質。一個充滿愛的炙熱連結，搭配上成為獨特又獨立自我的自由，對每個人來說都是有可能的。要讓每個可以移動的部位都動起來，確實需要花費一番功夫，但絕對值得付出。那麼，為何要屈就呢？

38

明智的自利行為對大家都好

瓊　安：我和法蘭克結婚三十多年了，他是一名外交官。身為三個孩子的母親，以及提供支持的妻子，我一直都忠誠地陪在法蘭克身旁，跟著他到世界各地駐守。不管我們住在哪裡，我都會在當地結交情感深厚的朋友，也會展開不同的計畫，只不過每次都因為法蘭克必須調動而被迫結束。最後，我們終於回到美國，孩子們也都長大獨立了，我決定該輪到我追求自己內心的渴望，因此，我選擇在家附近的大學攻讀研究所，還獲得了全額獎學金。我欣喜若狂，心想總算輪到我了！

後來，就在開學之前，法蘭克心臟病發作，幾乎要了他的命。就在前往醫院的路上，我做了新的決定，打算要放棄期待許久的求學夢想。隔天，當法蘭克努力睜開因藥物而感到沉重的雙眼時，我隨即對他說：「別擔心，法蘭克，我會一直陪在你身邊，我不打算去讀研究所，那已經不重要了，我會留在家裡照顧你！」我以為這番話會讓法蘭克放心，但我錯了。即使他的鼻腔插著氧氣管，手臂上打著點滴，胸腔上的心電圖線也脫落了，讓護士趕緊跑來壓住他，他還是費盡了力氣坐起來，說：「瓊安……千萬不可以，妳得去上學……一定要去！」法蘭克因為全身都在用力，所以雙眼睜得好大，好像是在瞪著我那樣。這時，護士們也都直盯著我。我便說：「好！好！好！好！我會去唸書。」

法蘭克：我在醫院住了一個月才康復，而瓊安在那段期間去念書了。這段經歷成了讓我靜心休養的日子，也是我人生的轉捩點，我放棄了數十年衝刺追求的野心。瓊安認為我的決定很慷慨，但這完全不是犧牲，而是一份禮物，同時送給她、我自己和婚姻。

「明智的自利」（Enlightened self-interest）是指，一個人為了提高他人的生活品質而付出，同時也會將自己的生活品質提升到相近的程度。這個概念是一種「因果」，佛教徒稱之為「業力」（Karma）。有關最幸福伴侶的研究報告指出，互相奉獻能讓人獲得極大的滿足。儘管大多數行為都是為了滿足自身的需求，但明智的自利行為也可以讓他人感到幸福，對大家都好。

對彼此慷慨的循環，會形成一道自我強化的迴路，還會隨著時間變得更加滿盈。成功經營關係的伴侶，不是採取共生依賴的「為了得到而付出」，而是取自滿溢的井來付出。下列是我們經常從擁有喜樂的親密關係之伴侶聽到的說法：

「我喜歡做有幫助的事，那也是我這麼做的原因。」

「我並不是特別不自私的人。我會做一些讓我感覺良好的事，而讓她快樂也可以讓我很快樂。」

「他的快樂總是會回饋到我這邊。」

當伴侶滿足程度的重要性處於優先地位時，我們個人的偏好就會順從付出的意圖，而犧牲感便會消失，畢竟我們沒有放棄自己真正的需要。採取「我要的方式」變得不那麼重要了，因為「我們倆要的方式」才是我們真正想要的。倘若犧牲伴侶的需求來滿足自己的需求，那麼雙方都會感到沒被重視。我們還是有自己的個人偏好，但那只是偏好。我們更在意的是要實現更高的目標，也就是兩人關係的幸福程度，比賽目的不再是要確保獲取自己的那一份，因此不再需要計分，而是盡可能共同創造更多的幸福。

當我們把對方與自己的需求看得一樣重要，而不是偏重對方的需求時，就是在邁向營造零衝突人際關係的道路上了。不過，這不代表雙方完全不會出現差異性，只是通常會以偏好的形式出現，而非必得配合的依戀情緒，而這種偏好上的差異性不太可能會演變成令人痛苦的大吵架。

明智的自利行為的缺點是，當伴侶感到痛苦、悲傷或失望時，由於自己與伴侶的關係很緊密，就會一起同受甘苦，而這裡的苦就是共享幸福之喜悅的代價。

試想，若把明智的自利行為帶入各種人際關係中，那麼生活會變成什麼模樣？思考一下這個可能性：我們能做的所有行為之中，這是最實際的作為。明智的自利行為，對每個人都會有好處。

39

展現脆弱面，才能獲得長久的和解

琳達的經驗談

當一方制伏另一方時，爭論並不會就此結束。要是向恐嚇者屈服，或許可以中斷激烈的戰鬥，但充其量也只是暫時休戰，而非長久和解。而且，就算已經休戰了，通常關係裡還會存在著沒那麼隱約的緊張關係，這是因為衝突被趕往暗處繼續惡化。

想要在衝突困境時期尋求和解，勢必得做一件我們最希望可以避開的事情：展現脆弱面。努力想辦法讓伴侶停止爭論、開始傾聽，並不會帶來理解的和平；比較有可能的作法，是願意卸下口角防衛的武裝，並敞開自己的內心，也就是要求自己接受伴侶、對伴侶坦承（發生衝突時，伴侶感覺起來比較像是敵對方），同時我們也期望伴侶抱持的相同態度。

展現脆弱面時，需要的是信任，不僅相信對方不會利用我們的無防衛心，而且相信就算在過程中情緒受到傷害，我們可以給自己所需要的安慰與支持。此時，面臨的挑戰就是得在最脆弱、容易被攻擊的時候，放下自己的刀劍和盾牌。要做到這一點，我們得從表達自己當下的真實感受出發，展露當下的情緒、想法、擔憂與期望，而不是專注在如何讓伴侶卸下武裝，或是懲罰、脅迫伴侶，只為了滿足自己的需求，以及讓對方接受自己的想法。

幾年前，我還是習慣用反擊的方式，像是批評、論斷、責備等，來回應查理的愛找碴和愛給意見。不意外的是，查理也以反擊的方式來應對，接下來會發生什麼事，大家應該都知道了。很快的，我們就發現兩人陷入了死胡同，更掉入眾所周知的兔子洞（rabbit hole，譯註：指掉入偏離原始目標的複雜漩渦），彼此的感受都沒有被接受、被聽到、被理解。我們各自堅信自己是對的，沒興趣聽對方對「實情」的看法，直到我停止再說出：「你老是不聽我講的話」、「你每次都得是對的那一個」，僵局才開始瓦解。那時，我確信自己只是把實情說出來，但結果我並不是在傳達實情，而是自己的想法、意見、判斷、信念與各種責難。

最終，我發現這麼做無法創造我所尋求的結果，決定嘗試其他方法。我不再煩躁地猛烈抨擊查理，改用「我真心希望我們可以相互理解，因為我們的關係破裂時，對我來說太痛苦了」之類說法來開場。我不再「糾正」查理的回應，而是揭露自己的痛苦與挫敗，我們的緊張關係就緩和了，也更能夠聽到彼此的聲音。

卸除個人的武裝，也就是不設防地表達藏在憤怒背後的感受，而這股情緒通常是恐懼或痛苦。我發現，實踐練習越多次，懼怕感就會越少，也越容易放下對自己的保護。

在情感上坦誠後，我們大多能從他人身上看到類似的行為。無論伴侶如何回應我們，不設防的溝通本來就是給自己與彼此關係帶來轉變的禮物。尊重自己的真相，就可以加深自我信任、自我價值、自尊的發展，同時也給彼此的關係帶入更多的誠實、正直。我從那些實踐其忠告的人身上學到最多東西。只要「言出必行」，同時付出我們渴望獲得的，那麼這個過程本身就是一份回報了。

脆弱面讓我們可以直接觸及自身經歷的深層真相，好讓我們更誠實地做自己。這種程度的真實坦誠，可以讓我們與自我連結，打造出適合相互照顧、溫柔相待的安全環境，而這就是很棒的成果了。

敞開的心扉是給予伴侶的禮物，能讓伴侶觸及我們內心深處的溫暖、關愛與柔情，同時也讓伴侶可以觸及他們自身對我們的類似感受，因為它們可能被恐懼與憤怒給遮蔽了。

在我自己的經驗裡，我看到打破防衛行為循環之後，可以終止爭論行為模式帶來的長期性破壞。當然，卸下武裝感覺起來是一件非常冒險的事，但繼續強化武裝循環也是有風險的，就看我們個人的取捨了！

40 你的每一句指控都是在講自己

布雷特與麥可各自站在光譜的兩端：玩樂與責任。不過，最理想的關係是伴侶各自都有兩端的特質，且各自傾向某一端。當有一方或雙方把對方認定為「不負責」或「太嚴肅」的話，事情就會變得比較棘手，而布雷特和麥可就是這樣的一對伴侶。

麥可不僅認為布雷特不負責任，也覺得他幼稚、懶惰、不成熟、自我放縱。不過，麥可也承認，自己很享受布雷特自然就能給兩人的關係帶來樂趣、幽默、開心，若少了這個部分，「情況就不會那麼有趣了」。儘管如此，布雷特那不自律的傾向和「糟糕的工作操守」，每天都讓麥可快要發瘋，而且總是會點出布雷特的缺點。

有時，布雷特聽到了麥可的抱怨，卻不會產生防衛心來為自己辯護。儘管布雷特的天性就是凡事都不太在意，但還是有忍耐限度的。雖然布雷特有份工作，但他的作風就是沒有爭論、擔憂與壓力。兩人最常吵的事是由誰來做家事，卻總吵不出什麼結果，因為各自都相信自己才是對的。正因為兩人的觀點裡，分別有一小部分是實情，才導致彼此都深陷在痛苦的相處模式裡，各自固執地堅持自己的想法。

通常都是麥可先吐出不滿，「我需要人幫忙整理房子。你的行為就跟小孩一樣。你的野心是在哪裡？在我看來，你就是懶惰，我不知道你的人生會有什麼樣的成就。我覺得，我是在這裡當一名家長，你就不能長大嗎？」

布雷特說：「我不是在渾渾噩噩過日子，而是在享受人生。你太緊張焦慮了，為什麼你就不能平靜一點呢？」

雖然雙方的用詞有些不同，但主要的訊息都是一樣的。兩人都是藉由羞辱對方來讓關係更緊張的方式，試圖改變對方，好讓對方更像自己，而這就是製造災難的源頭了。當兩人決定找諮商心理師時，關係已經相當糟糕，雙方都開始說要離婚。

在諮商過程裡，布雷特和麥可都冷靜到可以相互傾聽，也能夠管好自己的嘴不去反擊。隨著兩人感覺到自己說的話被聽到之後，也都能看到自己在這個困境裡扮演的角色。麥可開始意識到自己工作過度，也承認自己有多欣賞布雷特能把趣味帶入生活的能力，以及自己在這方面有多麼不足，於是，他開始向布雷特學習如何自己負起責任地自我照顧。隨著麥可的改變，兩人的關係也起了變化。布雷特沒有再繼續抱持著那是「麥可的問題」的想法，而是更加欣賞並效法麥可的勤奮與奉獻本性。

我們對他人的批判與擔憂，往往會反映出我們沒有全然接受自己的某些面向。這些自己尚未接受的面向，導致我們在面對伴侶的回應時，無法帶著好奇、開放、理解的態度，而是充滿沮喪與批評。如果麥可把布雷特視為反映了自己未察覺面向的鏡子，就會更有能力下好的決策。或許，麥可就會發現，自己大部分的生活都被自身過於負責的面向所操控，也會承認正是這種咄咄逼人的態度，害他得罪了家人、朋友、同事，進而失去與他人合作的機會，所以布雷特不是他唯一一位失去的對象。

由於麥可開始把注意力放在自己身上，布雷特不再覺得有必要去為了他的批評而辯護，也開始反省自己。過程中，布雷特進一步意識到，麥可的許多抱怨都有一些道理。此外，他也發現，因為自己是原生家庭中五個孩子裡唯一的男性，所以他習慣當個不必長大的「小王子」，責任都是其他人的事。

兩人後來建立了更牢固且能相互合作的伴侶關係，布雷特依舊是比較愛享樂的那一個，但已經能夠在家裡承擔起更多的責任，而且是雙方都同意的責任程度。麥可則是學習更加好好照顧自己，也瞭解到：自己需要停下來休息時，世界也不會毀滅。因此，他更能夠欣賞放慢速度、玩耍享樂的美好，同時也明白自己對布雷特出現強烈情緒反應時，往往提供了讓他認識自己的絕佳資訊。這兩個人依舊是競爭關係，只不過這場競賽比的是誰在這場關係獲得更多！

41

陰影被觸動時，正是釋放自己的時機

精神分析學家卡爾．榮格（Carl Jung）創了「shadow」（陰影）一詞，指的是人格裡沒有被照亮的部分，而且就存在意識之外的地方，包含了沒有全面接受的內心、心智、靈魂各個面向。那些被我們視為無法接受，以及會威脅到自己珍惜的個人與公眾形象的自我特質和傾向，都會被推入陰影裡。我們把那些可能損害到他人對自己之看法的自我面向，全都藏進櫥櫃裡，這樣大家就都看不到了。

每個人都有陰影，問題不在於我們是否有陰影，而在於陰影裡有些什麼，以及該如何處理自己的陰影。大多數人都學會了對那些會評判自己的人和自己本身，否認這些陰影。由於我們不可能做到「陰影切除術」，所以最好的選擇就是接受陰影，才不會阻礙我們過著真實完整生活的能力。如果我們無法接受陰影，可能會把自己的陰影投射到他人身上，或是在內心深處消極地批判自己，或是兩者皆是。不論是哪一種，結果都不是很好，那是個充滿評判、抱怨、責難、拒絕、失望的生活，而且我們體驗喜樂、開心、率真的能力也會被限制，防衛心與掌控欲更會取代了真實性與活力。

如果生命中有個主要伴侶的話，那麼比起周遭其他人，伴侶比較容易照亮或觸動我們的陰影，因此，伴侶很可能成為最難相處的對象。好消息是，陰影被觸動的時候，正是我們照亮陰影，進而釋放自己、擺脫陰影枷鎖的時刻。如此一來，我們就能享受被埋藏起來的禮物，那是之前因為忙著躲避陰影，以免讓自己與他人意識到的情況下，所沒能觸碰到的禮物。

通常在歷經多年掙扎，拚命隱藏陰影之後，或是歷經第二次離婚、嚴重憂鬱、失業、心臟病發等各種疾病，我們才會明白，試圖把陰影蓋起來並鎖住，不去看它，終會是一場失敗的戰鬥。

最後，陰影還是有辦法跟在我們身邊，以各種不同方式顯露出來，有時還會以我們最意想不到的方式。為了避免陰影無預警地出現而嚇到自己，我們可以先做好掌握的工作。我們可以照著自己想要的時間與方式，藉由承認自己的不完美與缺點，讓自己「走出來」。就算到頭來發生最糟的情況，我們終究會變得更好，能擺脫那迎合需求的綑綁，不用再照著他人的期望行事。最後，我們可以找到平靜，這是單純做自己而獲得的平靜感。我們發現，這麼做的話，就會如同英國詩人約翰·李嘉德（John Lydgate）的名言所描述的：「有時你可以取悅所有人，有時你可以取悅部分的人，但是你無法一直取悅所有的人。」而這樣也沒什麼關係。

42 從生命裡的危機，看見你的陰影底下有誰？

五十二歲的瑪莉在與道格結婚滿二十七年時，被診斷出乳癌。這段原本深具高度信任、尊重、親密的婚姻，幾乎就在一夜之間轉變成戰場，道格成了瑪莉的各種恐懼、痛苦和憤怒的發洩對象。

道格：這就像是被不知從哪裡冒出來的卡車撞到一樣！前一天我們還深愛彼此，但隔天瑪莉好像就想把我殺掉一樣。診斷出癌症這件事，真的同時嚇到我們，但我從沒想過瑪莉會有這樣的反應。不管我做什麼，似乎都不夠好。每次我付出的努力，都只會讓她更生我的氣。過了一陣子，我只好多給她一些空間，但這樣卻又更加激怒瑪莉，她大發雷霆，指責我是在拋棄她。我知道她感到很害怕，我們都被這個癌症壓得喘不過氣，但我做的一切似乎都沒有任何幫助。當時我並沒有打算離開這段婚姻，但那段期間是我們在一起的所有時間裡，我最想要放棄的時候。

瑪莉：我的感覺就好像是被魔鬼附身了一樣！我被診斷出乳癌後的六個月內，歷經了化學治療、手術、放射治療，而我在這段期間是個十足的瘋子。接收我怒氣的人，不只有道格，周遭每個人都是，但道格是最主要的那一個。這並不是因為我很討厭道格，但不知怎麼的，癌症就好像開啟了一扇門，那扇門裡塞滿了我這輩子以來累積的所有怒氣。我當了五十年的好女孩、好人、有耐心的好妻子，還一直假裝我從來就不會感到無助、生氣、疲倦或沮喪。

那是一下子就全部一起出現的情緒，似乎是無法控制的！就算可以掌控，有一部分的我也不想！儘管我對道格發脾氣後，會因為丟了那麼多情緒給他而感到內疚，但有個更大的聲音表示：「很好！去吧！時候到了！你這輩子吞下的鳥事，分量已經足夠三輩子了！夠了！」我知道道格不應該承受我倒出來的這麼多情緒，但若重來一次，我還是會做同樣的事。這是我輩子第一次感覺到「害怕惹惱別人的想法」沒有驅使著我，我能失去什麼？這是我這輩子第一次終於感覺到自由了！

瑪莉的經歷，正是我們稱為「陰影附身」（shadow possession）的其中一種形式。如果我們有太長時間都沒有接受那不樂意面對的自我面向時，生命裡出現的危機便會突然開啟我們的情緒外蓋，讓自己（與他人）赤裸裸暴露於自己一輩子都用否定來覆蓋的感受，頓時陷入激烈混亂的局面。

道格與瑪利的婚姻不僅挺過了危機，而且比起兩人的過往經歷，這次的危機不只加深彼此的愛意，雙方也變得更加堅強。兩人都表示，跟診斷出癌症之前相比，現在的關係更深、更真誠。

瑪莉：癌症迫使我們面對結婚以來兩人一直都在逃避的面向，我們沒有展現真誠的熱忱，向來都是用否定當作慰藉，現在則是得赤裸面對了。首先，第一件事情就是兩人得坦然承認，這些日子以來兩人有多麼不坦白。後來，我們都坦誠了，問問自己在這段婚姻裡，還想再得到些什麼，而且有多害怕追求它們。以前，我們倆都很小心翼翼，要不是因為診斷出癌症，我們可能還是會跟以前一樣。

道格：不能說我很高興看到瑪莉生病，但我很感謝這場危機讓我們的生活出現改變。我不會希望這種事再發生一次，但這次的經歷絕對是值得的。

43
美好的伴侶關係，不是找尋而是持續挖掘

有個寓言是這樣說的：

從前有個富人希望自己的土地上有淡水水源，決定挖一口井。他找來一群工人，開始在他認為可能有水源的地方挖掘。就在三公尺深的地方，工人挖到水源了，但這口井短短三天就乾了。

後來，富人在這塊土地上另外選擇了一個地點，讓工人開始挖，大家又在三公尺深的地方挖到了水，但水裡卻有硫磺，飄散著難聞的氣味。所以，他們又去另一個地點挖了一口井，果然也是在三公尺的位置挖到水，但這一次的水量很細小。

工人持續更換地點找尋淡水水源，卻不斷遇到阻礙，最後什麼都沒有找到。諷刺的是，只要繼續挖掘下去，幾乎每個挖過的地點都有富人尋求的淡水，只是需要繼續

堅持下去。

許多人對親密關係的想法與概念，就跟這則寓言故事一樣，由於擁有許多現成的替代人選，所以會失去耐性去尋找對的（完美的）伴侶。然而，許多人也明白了一件事：要獲得滿意的關係，與自己找到的對象其實沒有太大的關係（儘管這確實是很重要的因素），比較有關聯的是在關係裡發掘自我與自我培育。在一段關係中遇到困難時，的確會讓人很想去找其他人選。另外，盡了全力卻還是失敗時，或許就是該分開的時刻了，但許多人卻在沒有付出最大努力之前就放棄了。

「要在不失去自我的情況下，愛上另一個人」，是每一段有所承諾的伴侶關係都會遇到的主要挑戰。要平衡對自我與他人的承諾，需要持續不斷地關注和調整。有些人會覺得，專注於他人的需求很容易，也十分擅長愛人，但很難接受別人的愛，也不懂得滿足自己的需要。另一些人想的都是自己的渴望，比較不會注意到他人的需要。然而，處在這兩個極端的人，經常會相互吸引，因此要是無法好好處理這個差異性，在關係初期給予的承諾可能就會變質成絕望或分離。這種情況十分常見，但只有少數人有必要的工具能面對這項挑戰。

想要擁有滿意的伴侶關係，我們需要做的是挖掘內心，找出藏在深處的寶藏，那或許是自己未曾注意到的好東西。但是，就跟前述寓言故事裡的富人一樣，我們一定會遇到障礙，此時，我們就得選擇要放棄挖掘，或是挖得更深以尋找埋藏的寶藏，好讓我們取得那些能夠建構親密關係的基石，包括敞開心胸、勇氣、承諾、脆弱面、誠實、守信、同理心。

我們不是生來就擁有完整開發的人格，也不具備前述與其他所有特質，而是帶著各種特質的種子來到世上。在人生中遭逢的挑戰，正好會刺激我們更深入挖掘，以便取得所需的內在資源，踏上旅程去追尋那只有親密關係才能提供的完整且真摯的連結。如同健身需要對抗阻力，為了點燃內在的生命力，我們就得對抗那些以阻礙、挑戰，甚至是磨難模樣出現的阻力。當我們安於不滿意的關係裡，將會損害自尊與自我價值感，或許還會讓我們懷疑自己是否有缺陷，也會質疑自己是否值得擁有美好的伴侶關係。只要持續挖掘，就等於選擇相信自己擁有的自我價值與力量，可以繼續開發人格特質，也是選擇相信自己值得擁有更高品質的人生。

在致力投入於伴侶關係之際，務必要堅定地致力投入於照料自己的幸福，雙方才會一同成長茁壯。自我照顧、慷慨、明智的自利行為等，這些人格特質都會強化雙方。照顧他人可以採取許多不同的形式，像是以更有意義的方式陪伴伴侶、進入對方的世界、展現對彼此生活的興趣，以及學習如何以對方想要的方式來愛他們等，這些都可以讓人深入挖掘能夠滋養彼此關係的香甜水源。實踐這樣的作法時，我們會變得比較不會有衝動的反應。當我們專注在伴侶身上的正向特質，而不是自己察覺到的缺點，就會更加懂得欣賞，比較不會感到失望，這麼一來，情感與愛意就會更自由地在彼此之間流動。

已故哲學家暨作家坎．凱耶斯（Ken Keyes）說：「生命的奧祕就在於不斷堅持下去。」我們這些堅持深化伴侶關係的人都知道，當親密關係出現困難時，是避不掉的。我們聽到非常多伴侶表示，當關係嚴重破裂時，他們的確會很想放棄，但儘管感覺很挫折、氣餒，他們還是選擇堅持下去。有所承諾的伴侶關係這條道路，絕不會是阻礙最小的一條路，但對於想要真正擁有美好生活的人來說，這是一條通往目的地的捷徑。

44

把責任和責備連結，只會展開惡性循環

貝拉喜愛取悅他人，費盡所有力氣就是為了展現出好人的一面，一輩子都在努力保持微笑、正向積極，並努力讓妻子斐伊感到快樂。斐伊則是脾氣暴躁的火爆型，不認同自己得壓抑情緒，特別不願意隱藏憤怒。斐伊多次清楚地讓貝拉（和其他人）知道「我可沒打算壓抑情緒」。由於斐伊的母親不到五十歲就死於卵巢癌，而斐伊認為這是因為母親隱忍父親持續不斷的身體與情緒虐待，才會生病。母親被動地默默忍受父親的殘酷行為，除了斐伊以外，沒有讓任何人知道自己的感受，所以斐伊非常同情母親，從小就下定決心不可以讓任何人欺侮自己。

斐伊知道貝拉與自己的父親是截然不同的人，而且不會做出不尊重自己的事。可是，不論貝拉如何努力遷就斐伊，斐伊還是可以找到不高興的地方，更是持續不斷跟貝拉提起惹她不悅的地方。

貝拉十分無奈地表示：「無論我多努力，似乎永遠都不夠。斐伊總是能從我做的事、說的話裡，揪出她無法接受的地方。我通常會試著收下她的批評，因為要是跟她吵的話，她就會發脾氣，但我不是她的對手，我沒那本事跟她正面交鋒！所以，在我看來，退縮似乎比較合理，但這樣又會讓她更生氣，我完全不知道該如何是好。」

儘管貝拉沒有表達自己的情緒，但那些被壓抑的情緒會不小心流露，展現在違背承諾、諷刺、「忘記」約定、不請自來的批評，以及被動攻擊行為等等。即便她從來沒有把藏在內心的不滿與恐懼直接表達出來，但幾乎都會以這些方式展露。這種間接表露出來的行為，加劇了斐伊的煩躁，而這又會把貝拉更推往牆角，過度反應的情況也更加嚴重。

斐伊和貝拉都低估了這種行為對彼此關係與各自幸福感所造成的傷害，直到兩人都擔心這段婚姻瀕臨瓦解時，才決定尋求專業人士。在諮商過程中，兩個人都能夠看到自己在這場危機裡的作用，同時也能夠中斷責備、遷就和退縮的循環。

兩人發現，她們各自被極為相似的恐懼所驅使，同樣害怕衝突，卻使用不同的方法來處理衝突。貝拉試圖遷就斐伊，但不見成效，因為斐伊希望貝拉加入討論，而不是默默接受。至於斐伊閃避衝突的方法，則是恐嚇伴侶，把對方當作敵手，以威脅的方式讓對方卸下武裝。

許多人會把責任與責備連結在一起，所以會盡全力地躲避懲罰，但這麼做可能會帶來糟糕的後果。斐伊和貝拉開始坦然接受驅使自己行為的潛在情緒之後，（被動或主動的）攻擊行為就逐漸變少了，兩人更願意向彼此展露脆弱面。那個惡性循環也就中斷了，讓彼此有更多的互動交流。

我們從接觸過的伴侶身上，經常看到這種互動方式，一方被動地遷就、退縮，另一方則是氣呼呼的恐嚇方。幾乎在每個個案裡，雙方都認為對方才是做錯事的人，而自己是無辜的受害者。其實，沒有一方是完全正確或錯誤，兩人都是協同合作者，（通常是在潛意識裡）共同創造了這樣的一套機制，以至於兩人可以不斷上演彼此的防衛行為。

我們從未遇到有個案是單方面得為關係的破裂負起全責。人際關係破裂時，雙方都有責任，只是未必是各自負起一半的責任。其實，我們沒必要、也不可能去裁定雙方各自的責任百分比。重點在於，雙方要知道自己的作為造成了兩人當下的處境，也要知道兩人可以修復這道傷口。

然而，這不是一夜之間就能完成的工作，但藉由實踐練習、設置正確的意圖、有良好的支援，就算是傷痕累累的伴侶關係，也可以轉變為相互尊重。是的，這得付出心力、需要時間，但的確是做得到的事，而且相當值得付出！

45

不願以真實性待人，就不可能感到被愛

「不敢冒犯人的人，不會是誠實的人。」

——湯瑪斯．潘恩（Thomas Paine），英裔美國思想家

「美好」與「過得去」的親密關係之間的主要差別，就在於情感親密的程度。其他因素則包含了：真實性（authenticity）、脆弱面、深度情感連結。當兩人承諾要深入瞭解彼此時，就會成為我們的朋友山姆．金恩（Sam Keen）所說的「心理太空員」。不同於探索外太空的太空員，心理太空員探索的是心靈與思想的深處。

建立深厚的情感親密關係這件事，並不適合膽小的人；它就跟探索新領域一樣，需要有勇氣、動機與冒險精神。當生命中缺乏具真實性的人際關係時，我們就會開始

感到枯燥、平淡、沉悶、不真實。假使比起與真實面交手，我們更想要避開失望，那麼要付出的代價就是內心深處的焦慮和憂鬱。如果我們想要點燃生命的熱情，不只是要瞭解自己的感受，也要願意揭露自己的情緒。還好，即便是有批判傾向的人，也可以藉由培養接受、理解、欣賞的態度，進而做到寬容的地步。

享有滿意關係的伴侶，不一定是衝突最少的那一對，而是願意帶著誠實和體貼的態度互動。這樣的伴侶所培養的溝通技巧，讓雙方能夠以彼此尊重的方式處理兩人之間的差異性。套用心理學家丹尼爾．高曼（Daniel Goleman）的話來說，這類伴侶的「情緒智商頗高」。

過著不真實的生活，等於是在抗拒真正的自己被真心愛上的可能性。如果我們在面對最親近的人時也不願意展現真實的自己，就不可能感到被愛，將會陷入永無止境的追求。每當伴侶表示他很愛我們時，我們心裡總會有個小小的聲音在說：「你愛的是你認為的我，要是你真的認識我，就不會愛我了。」

只有當兩人都充分展露自己，最純粹的愛才會展開交流。更充分且深入發展關係的第一步，就是瞭解自己的感受，接著不壓抑地表達出來、不捍衛地對外連結、不藏匿地展露出來。

就跟學習新技能一樣，我們可能需要一段時間才能學會更加敞開心胸地過生活，也需要一段時間才能改掉舊習慣。就算感覺既尷尬又笨拙，我們還是可以練習對自己和彼此寬容與保有耐心，然後跌跌撞撞走向領悟的那一天。

這不是指要把事情做對，而是如同佛教所說的「正精進」（right effort，譯註：八正道之一，指意志堅定、循序向前）。隨著我們越來越擅長誠實地展露自己的情緒後，就會更深入地認識自己與對方，而這是付出努力後的獎勵。

46 人際關係問題源自個人內心的衝突

困惑、矛盾、思緒混亂，這些是用來描述兩種想法發生衝突的詞彙。當關係發生衝突時，這是人際衝突；當心裡發生衝突時，這是內在衝突。如果我們沒有徹底解決內在衝突的話，往往就會表現在關係破裂上。

若能認知到「未解決的人際關係問題之根源，可能是個人內心的衝突」，就能減少或避免人際關係上的煩惱。許多爭論之所以會停不下來，原因是交手的對象其實是替身，而不是真正的主角，也就是意見歧異的對象：自己。

我們來看看基特和潔西卡的例子。

兩人在高中時開始約會，結婚時的年紀分別是二十一歲和十九歲。到了三十多歲時，基特決定要上大學，潔西卡也決定去念書，於是兩人在當地的州立大學就讀，一開始都過得很順利，直到第一個學期結束時，兩人的關係開始變得有些緊張了。

基特是個十分隨性的人，消化壓力的方式就是讓自己放鬆，所以壓力一大就會給自己冷靜下來的時間。反觀潔西卡，她只要察覺到兩人之間有問題沒有解決，立刻就會感到焦慮。所以，她一感覺到有問題時，比較喜歡立刻解決，偏好盡速切入議題，以便減緩問題被擱置一旁所引發的焦慮。或許，你已經看到這其中的問題了。

回到校園後，潔西卡強迫基特按表操課，好跟自己一起念書、相互扶持。但是，基特就是基特，沒打算接受這個主意，因為那樣感覺起來很沒有彈性。他想要保有選擇，可以在覺得合適的時間念書。不意外地，兩人的作法相互衝撞，結果可想而知。

基　特：對潔西卡來說，制定相同的學習計畫表，似乎是一件很重要的事情，所以我只好勉強答應試一試。我真的很努力配合潔西卡想要的作法，但那真的不適合我。不是我不夠努力，反而是太努力了。為了避免爭論，我壓抑自己的挫敗感，直到有一天我爆發了，對潔西卡大喊：「放了我吧！」

基特想要安撫潔西卡，卻沒有取得休息時間來為自己補充能量。至於潔西卡，則是因為擔心基特缺乏念書所需的自律，最後又會再度退學，才會想要「提供協助」，提醒基特該念書了，還要查看基特的作業。但是，潔西卡管得越嚴，基特的埋怨就越深，於是在這一天爆發了。

潔西卡：當基特對我發脾氣時，我很震驚，也很好奇為什麼他會這麼不高興，而且以當下的處境來說，他的憤怒程度太過頭了。不過，他這次的爆發也有一些好處，那就是我們倆都注意到有問題，也清楚得好好處理這件事。一開始，我對基特的暴怒感到受傷又生氣，這時我們雙方都很有防衛心，但在暫停休息後，重新再回來的時候，感覺兩個人都比較冷靜了。基特告訴我，他覺得我一直想要控制他，不停在一旁嘮叨，這讓他感到非常煩躁。我曾試著解釋為什麼我覺得有必要看著他，但這番話並沒有什麼幫助。溝通真正出現效果的時候，也就是我們向彼此攤開那些藏在內心的憂慮。我們都是因為不想要引發爭論，所以不敢把心事講出口。

基　特：我們不僅沒有繼續和平相處下去，而且因為不願意表達自己的感受，所以整個狀況就變得更糟。但把事情講開來之後，我很驚訝潔西卡竟然會感謝我對她坦誠，這是我這輩子以來，第一次有對我不滿的人反過來謝謝我，而且是謝謝我讓她有難過的感覺。

潔西卡：我真的很謝謝基特，因為我後來清楚了，我們一直都很小心翼翼，想要避免讓對方感到不安，但最後卻發生我們最不想看到的下場。一直以來，我們都希望彼此的關係可以充滿信任與誠實，卻沒有注意到隱瞞自己的感受就是不誠實的表現。當我們發現可以在不損害或失去這段關係的情況下，收下彼此的坦誠，這真是讓我鬆了一口氣，因為我一直都很害怕這一點。

基　特：（對潔西卡）每次妳為了確保我有在做妳認為我應該要做的事情而來查勤時，我的感覺都不太好，我已經厭倦取悅妳了！而且，我從來就沒有要求妳來管我。

潔西卡：我知道你從來就沒有要我去做這件事情，所以我會這麼做一點都不能怪你。我承認，一想到你不會去處理這些事情，我就會開始擔心！我對你、對自己，都有很高的期望！

基　特：聽到妳這麼說，我安心多了，謝謝妳願意承認這一點。有時候，我會覺得我是唯一一個會讓妳失望的人，所以很努力配合妳，這樣妳就不會生氣了。

潔西卡：可是，到最後你會覺得很挫敗，因為我很難取悅。

基　特：沒錯！

潔西卡：你覺得，如果我試著不插手的話，會不會有幫助呢？

基　特：噢！那麼，要是我能更加說到做到的話，是不是也會有幫助呢？

潔西卡：這個主意很好！但可行嗎？

基　特：我覺得我們找到重點了，我不能再責怪妳督促我。這樣吧！妳少催促我一點，然後我逼自己緊一點。我希望妳能相信我是說真的，雖然我不是承諾會做到完美，但我覺得，跟以前比起來，此時此刻的我更想堅守自己的誠信。

潔西卡：我相信你！儘管我不確定我們是否已經解決這個問題了，但我有信心我們有了一些實質的進展！我很期待接下來的發展！

基　特：我也是

接著，兩人互吻。

基特和潔西卡之間的對話是真實發生的個案，但這些對話是在多次的諮商中逐漸展開的。兩人最終發現，他們不只是對彼此隱瞞了自己的感受，也對自己藏起自己的情緒。因此，當他們承認自己否定情緒時，兩人之間的緊張關係就大幅減輕了。

只要我們意識到自己是在自我保護，而不是在與對方建立關係時，兩人關係的緊張感就會獲得緩解，這是因為在我們意識到這件事情的當下，往往就能化解矛盾心態。當你發現自己的情緒因為伴侶的某個行為而被觸發，還出現過大的反應，這可能就說明了你的內心有待解的議題。如此一來，你就能看出「防衛性爭論」與「促成和睦的有效溝通」之間的差異了。

47 強化連結的簡單舉動：每天問候安好

有一件事情是成功經營關係的伴侶經常會做，但是關係陷入膠著的伴侶卻做得不夠的事，那就是「問候安好」（check in）。這個簡單的作為，代表著幸福與悲慘關係之間的差異。「問候安好」是指暫時脫離日常職責，改把關注力放在內在的感受，此時的聚焦點是在自己身上，而非外在的問題。這麼做的目的，是要讓意識帶著不批判的態度，洞悉自己的想法、情緒、身體的感覺，並且要無條件地接受自己當下的所有感受。

這件事情也被稱為「正念」（mindfulness），可以讓激動的思緒平靜下來，並且放鬆自我、回到當下。這樣做可以讓我們看到事物的本來樣貌，心智不會因為受到干擾而影響觀點，以便看得更透徹。

「問候安好」還有另一個意思，那就是關注他人的心情或心理狀態，也就是展現出想要瞭解他人內心狀態的行為，像是大家每天都會詢問多次的簡單問候：「你好嗎？」但差異在於，對他人「問候安好」時，我們是打從心底認真提問，而不是簡單的問候，這麼一來，我們很可能收到平時不會出現的回答。

對各種不同的人際關係來說，人與人之間的「問候安好」是相當重要的，因為每個人的感受都在持續不斷地變化。假若我們能瞭解對方的處境，就比較可能敏銳察覺到對方當前的狀態，進而調整自己與對方的相處方式，創造能讓彼此更滿意的交流。

不過，我們不需要每次談話前都要問這一句。每當我們彼此「問候安好」時，雙方就更能夠適應對方當下的狀態。查理和我養成了習慣，每天早上起床之前的第一件事，就是相互「問候安好」。這對我們來說是很棒的作法，讓我們在展開新的一天之際，彼此的感受能保持一致，即便有時會有情緒不完全一致的情況，但還是能感覺到被連結和被瞭解，如此一來，這一天就能有個好的開始。

這股連結感可以強化兩人之間的關係，促進彼此信任的感受。此外，展現出想要更全面地理解對方、真心想要弄懂對方感受的態度，也是表達尊重與關懷的方式，更能區分出「僅是花時間相處」與「擁有情感親密度」的差異。成功經營關係的伴侶，交流的不只是家務事，還會建立感受方面的關係，聊一聊對自己來說真正重要的事情。

另一種表達「問候安好」的形式是藉由觸摸，知名性研究者暨性治療師威廉·麥斯特（William Masters）博士在一九七〇年代就告訴自己的實習生：「告訴你的個案伴侶，二十四小時內不能完全沒有感官觸摸！」一旦伴侶失去了日常往來的接觸，可能就會變成室友、工作夥伴，或是從事育兒、家務管理工作上的同事。當伴侶身處在共同生活的日常事務裡，戀愛的精神經常會消失殆盡。若沒有時常注入充分的愛意表達，親密關係的活力就會枯竭。即便是分處兩地，但定期以手機、電子郵件、信件、簡訊等聯繫工具「問候安好」，才能持續增進彼此的關係。

這個建立關係的簡單舉動，可以防止惱人的事演變成重要的破裂問題；一點聯繫可以發揮大作用！

48 放下贏家與輸家的想法，才會有滿意的結果

當一段關係出現問題時，大多數人會先看向對方；這種反應十分合理，因為要看出對方可能要對關係破裂負責之處，一點都不難。事情會發展到當下的地步，幾乎可以肯定有部分原因就出在對方身上，但這種把焦點直接放在對方身上的反射性作法，將會加劇而非減緩問題。當你把責難這盞鎂光燈，從自己身上轉移到對方身上，的確能讓自己免於承擔責任，但對方也可能以同樣的責備眼光在看待你。

這種相互挑剔的過程，鮮少能夠真正解決問題。即便你的指責不假，但把責任推到對方身上，往往會引發防衛心或敵意。不過，我們仍需要某種回應方式，特別是當我們成為被對方指責的對象時，更需要好好回應。

大多數人就算真的犯錯，也不喜歡被指出來，因此，基於捍衛自我形象，以及逃

避展現脆弱面，人們可能會出現攻擊性的回應。

有些人可能會擔憂地提出疑問：如果沒有說些或做些什麼來為自己解釋的話，對方可能會以為我同意他們的想法，或是因為我沒有提出不同意的意見，而當作我認同他們的論點，這樣會給自己帶來什麼好處嗎？

看來，可能的作法似乎只有兩種：接受或是爭論。有時候，我們的確不需要伴侶注意到我們的感受，只要直接在心裡釐清就好，但這麼做得對自己十分誠實，確認自己是否真的能放下這些感受，還是想逃避與伴侶面對面溝通。不過，有些關係的破裂問題需要立即處理。親密關係之所以有挑戰性，是因為維持關係需要有足夠的敏銳度，可以在注意到對方的需求後做出回應，同時又不能忽略自己的需求。若過於關心對方，其風險就是沒有對自己負責，但若過於關注自己，又會冒著疏忽對方的風險。倘若對方覺得自己失敗了，那麼兩人都會有所損失，因為在「輸家」的心裡，屈辱的感受可能會在日後浮現，進而減損了信任度。

除了為自己挺身解釋，或是順從對方的說詞之外，還有另一種看待處境的方式：接受彼此的觀點都有合理之處。以這樣的角度所展開的對話，可以讓雙方從想要證明對方及其觀點出錯的反對立場，轉變成共享同一份期望的伴侶，進而共創兩人都可以接受的結果。

我們不再聚焦於對方哪裡犯錯，或是想辦法要對方認錯，而是可以向對方提問，找到足夠的資訊讓自己可以支持對方達成期望，同時又不必放棄自己的需求。其實，這不只是在幫自己收集資訊，也是在向伴侶表達「自己很在意對方，希望對方可以獲取所需」。只要我們放下找出對與錯的判斷，對方的姿態也可能會放軟。

「零和思維」裡只有一位贏家，要是雙方都抱持著零和思維的話，就不會出現讓人滿意的爭論結果。只有放下贏家與輸家的想法，才有可能達到令雙方滿意的結果，並將可能使關係破裂的破壞力十足的爭論，轉化為突破關係的契機。

這需要有意願冒著展露脆弱面的風險，邁出打破僵局的第一步，而不是等待對方跨出第一步。若要揭開脆弱面，需要有勇氣、刻意付出、責任感。不過，就跟其他值得實現的目標一樣，我們無法在一夕之間就打破零和思維的習慣，而是得花時間去實踐練習。幸運的是，大多數的親密關係都提供了許多練習的機會，這是很棒的事！

49 採取暴力或容忍暴力，都會造成關係破裂

字典對violence（暴力）一詞的定義為「蓄意以肢體的力量、行為或作為，讓人蒙受傷害」，其中的關鍵詞是「蓄意」。行為之所以暴力，正是蓄意想讓人蒙受傷害，但這裡的蓄意未必是因為有想要製造苦難的虐待意圖，而是相信為了能夠矯正錯誤或給予教訓，就得以暴力相應。可笑的是，習慣以暴力回應的話，威脅感只會升高，不會下降，而且遭逢報復的可能性也會越大。

暴力不只侷限於使用肢體的力量，而是有許多不同的表達方式。比起顯而易見的肢體暴力，大多數人比較能忍受非肢體形式的暴力，例如：恐嚇、言語威脅、威嚇手勢。語言暴力包括了侮辱、威脅、恐嚇用詞、辱罵、惡意中傷，全都會減損尊重感與安全感，而這兩者都是健康關係的基石。倘若我們保持沉默的目的是為了處罰或威脅

對方，那麼沉默也算是一種暴力，而且有時這種冷暴力比語言暴力更加傷人。對於小時候受過創傷或是被拋棄的人來說，暴力引發的疏離感會特別痛苦。許多人都曾用語言暴力傷害他人，也曾被語言暴力傷害，所以很清楚這種感受。暴力會在信任結構上撕開大洞，可能得花上數天、數週、數個月，或是更長時間才有辦法重新建立那份在瞬間就會被撕毀的信賴感。

那些採取暴力行為的人，其動機幾乎都是因為害怕自己的需求不能被滿足，所以藉由暴力或是以暴力威脅，好讓自己握有掌控權或是達到期望。那些傾向採取暴力行為的人，很容易就會被刺激觸發，而且通常都不需要顯著的原由。當我們在與威脅要使用暴力，或是以暴力相向的人交手時，所面對的挑戰就是緩和緊張局勢，好讓被憤怒、恐懼把持的對方可以冷靜下來，以平息他搞破壞的衝動。

就如同反過來威脅對方很可能會加劇暴力程度，因為害怕而容忍暴力也只是在火上加油。當一個人被指責「給他人帶來痛苦」時，自然會產生防衛心。因此，重點在於回應時不要批判對方，而是要專注在反應對方的行為上，譬如說：「你對我揮拳的時候，我感到非常害怕，害怕到聽不到你說的話。」

雖然前文提到語言暴力的危險性似乎不及肢體暴力，但語言暴力造成的傷害可能不會輸給肢體暴力。語言暴力帶來的最大傷害，就是損害關係裡的信賴程度。由於一方感到害怕又沒有安全感，擔心對方隨時會爆發，對於揭露深層的感受一事就會很小心。就算雙方有可能重新建立深具意義的關係，這樣的畏懼感也會讓可能性降為零。

對於暴力造成的傷害，若要修復到健康的信賴與互重程度，所需耗費的精力與時間依嚴重程度而定。使用或是容忍暴力，其潛在的後果遠遠超乎我們的想像。我們有許多個案曾歷經單方或是雙方面的暴力行為，他們最後都表示，握有控制權或是主導權得付出的代價，大幅超過自己所意識到的。

有些個案後來學乖了，卻已經來不及修復關係，現在每天都生活在遺憾與罪惡感的痛苦裡，另一些比較幸運的個案則及時挽救了關係。可是，我們永遠不會知道「來不及」會在什麼時候出現，那麼何必要冒險呢？

50 自傲的人會導致談話中斷

我們經常提到一些有助於提升健康且滿意的親密關係的各種美德與特質，例如：慷慨、尊重、承諾、同情。藉由刻意培養這些特質，即可大幅改善各種人際關係的品質。然而，光是增強美德的品質，並不足夠讓親密關係的品質變得完善，我們還要在自己的性格裡，找出那些無法協助培養，甚至還會削弱這些特質的面向。

所有可能損傷親密關係品質的傾向中，鮮少有跟「自傲」一樣具破壞力的。依據《美國傳統英語字典》（*American Heritage Dictionary*）的定義，「arrogant」（自傲）源自於「arrogate」（霸占），意思是指「專橫霸占，沒有權力卻提出主張」、「過度肯定自己的重要性」。更慘的是，具有這種特質的人往往自己都不會意識到，一旦被評為自傲的人時，立刻就會進入戰鬥狀態，接著，他反駁的行為正好驗證了此評語是正確的。

當關係中有一方自傲時，談話就可能會中斷，因為自傲的一方不太可能放下自認為正確的觀點。自傲往往就是不想被他人嘲笑或處罰的期望之展現，原因是對方已經威脅到那個自傲的人。因此，想要藉由理性、合理的手段來改變想法如此堅定的人，恐怕很難成功；若是試圖讓這類人敞開心胸，通常也都會被打敗。最好的情況是陷入僵局，而最糟的情況則是關係惡化，親善與信賴感嚴重受損。

克制想要與對方爭論觀點的衝動，並不表示自己同意對方的看法。要是採取對立的立場來回應自傲的行為，必定會加劇雙方的敵對狀態。比起試圖否決對方的觀點或是否定對方，更有成效的回應方式是先收下對方的想法，就算對方是把它當成事實來陳述，而不只是參考意見。

要是雙方都企圖改變彼此的觀點，那麼談話只會惡化成吵架。有個不錯的開場白是：「我理解你所說的想法，很謝謝你願意與我分享。」接著，你再提出疑問：「你有興趣聽聽我的看法嗎？」藉此傳達自己願意接受「沒興趣」的答案，可以降低彼此的緊張關係，而且通常對方都會願意聽。倘若對方表示有興趣聽的話，那麼你就有機會在不否定對方想法的情況下，表達自己的想法了，如此一來，便可以提升信賴感，減緩自傲的強硬態度所帶來的威脅感。

不管是想要「打敗」自傲的人，或是容忍不尊重之行為的作法，都注定會失敗。面對自傲的行為，採取不帶情緒回應的示弱作為，可以提高相互理解的可能性，但無法保證一定會成功。如果伴侶表示沒興趣聽自己的想法，你可以詢問對方，在什麼狀況下他會願意聽。這無關誰對誰錯，而是被傾聽與被理解，所以只要條件滿足了，通常就可以做到相互理解。

親密關係提供了各種「學習機會」，在面對自傲的行為時，印度聖雄甘地（Gandhi）的建議是「**讓你自己成為你想在這世界上看到的改變**」，套用在親密關係上就是「讓你自己成為你想在這段關係裡看到的改變」。為了影響他人的自傲行為，我們要培養的特質就是自傲的反面：謙卑。雖然伴侶不太可能立刻謝謝我們樹立榜樣，然後受到啟發，接著放下防衛心和敞開心胸，而是通常得來回進行兩、三次以上，不過，假若我們盡全力這麼做了，就會因為知道自己已經盡力，而且自己沒有成為問題的一部分而感到欣慰。況且，謙卑往往是具有渲染力的。

51

以「我們」為中心，才能緩和衝突

這是一道複選題：一對伴侶最有可能建立長久關係的要素有哪些？

1.共同的利益。

2.避免發生激烈情緒衝突的能力。

3.有效管理差異性的能力。

4.共同的政治觀點。

5.關係初期就建立牢固的情感連結。

若你選了3，那麼恭喜你，你屬於少部分的人，體認到有必要練就高超的衝突管理技能。有太多伴侶因為交往初期有著強烈的情感，無法想像會需要培養這方面的技能。畢竟，在熱戀期如此相愛的兩人，很難想像會有需要以負責任的態度來處理意見分歧的時候，也不懂什麼是「有意識的戰鬥」。

親密關係的資深老手也都學到了，就算是天作之合，彼此的陰影也經常會暴露出來。隨著陰影逐漸顯露，我們面臨的挑戰就是運用技能與同理心，來處理自己和對方那些不盡理想的特質。就像聖方濟（St. Francis）所說的，想要培養出美好關係所需的敞開心房，需要「一杯理解、一桶愛，和一大片有耐心的海洋」。

我們需要耐心來接受伴侶與自己顯露的不完美面向。要是抱持「好的伴侶就不會或不應該吵架」的想法，將會阻礙我們承認自己需要學習去巧妙處理差異性。由於改變關乎踏入未知的領域，因此踏出這一步可能會遇到一些阻力。另一個選項是忽略差異性，但這麼做肯定會威脅到關係的根基。把差異性放著不處理，除了會侵蝕彼此的感情，還會造成怨恨、冷漠與憤怒。

婚姻大師約翰．高特曼在西雅圖的「愛情實驗室」（Love Lab）裡，分析研究了數千對伴侶，找出下列幾種類型的親密關係：確認型、波動型、迴避型。第三種迴避型，正是最有可能無法擁有美好婚姻的一組，由於他們會把問題放著不解決，所以削弱了高特曼所稱的「喜愛與情感系統」。儘管波動型伴侶也可能會經歷激烈的交流，但就算是運用不純熟的技能來解決差異性問題，還是勝過迴避問題。高特曼發現，即便仍有差異性問題待解決，但確認型伴侶是關係經營最成功的一組。

成功經營關係的伴侶，在進入關係之前，通常都不具備純熟的衝突管理技能。大多數人都是帶著學習的意願、對彼此在意的事情帶著開放的心態，以及承諾會展現坦誠的態度，然後才進入一段關係。這股意願與承諾往往是源於明白關係本身的內在價值，進而打造出相互認同且明智的自利行為；兩人的出發點都是為了讓對方更幸福，因為他們明白這也會讓自己更快樂。當伴侶變得不再那麼「以我為中心」，而是往「以我們為中心」靠攏，那麼控制欲就會降低。差異性問題不會消失，只是變得不再那麼重要了。當這樣的伴侶發現兩人陷入衝突，在交流時仍會帶著熱情，也比較有可能帶來正向的結果。這種形式的衝突管理或有意識的戰鬥，通常具備下列幾種條件：

- 願意接受差異性的存在。
- 雙方明確表示，願意朝彼此都滿意的解決辦法前進。

‧願意尊重地傾聽彼此的擔憂、請求與期望。
‧為了讓雙方都滿意，渴望去理解需要做到哪些事情。
‧承諾會以不帶責難的方式發言，只專注談個人的需求與擔憂。

這個過程可以一直重複，直到彼此對於理解程度都滿意，並且有一種完成的感覺，至少當下感到滿意與完成了。所謂的完成，並不是指事情已經徹底解決，而是順利打破僵局或是充分緩和了緊張關係，所以雙方都能夠理解彼此的想法。

期待一次就能完全解決差異性問題的想法，會讓伴侶感到氣餒，進而加深責備與羞愧的感受。有所承諾的伴侶關係可以為彼此提供許多機會，去實踐練習和強化坦誠相對、自我克制、慷慨大方的精神。

接受這種學習機會的想法，看來或許有些可怕（這是可以理解的），也是個不好應付的挑戰。可是，考量到完成這段過程所得到的結果，那麼絕對是值得付出努力的。就如偉大哲學家老子的名言所述：「千里之行，始於足下。」你今天可以走出哪一步，好讓你朝向毫無爭論的親密關係前進呢？

52

看似痛苦的轉變，可能是好事一樁

當羅伯提出要辭去技術專家高薪職位（一間在矽谷價值數十億的公司）時，他與克莉絲汀在一起滿十一年了。「好幾年來，我一直感到窒息，也沒有被賞識。我現在清楚知道，只要繼續在這家公司或是其他公司底下當員工，我就永遠不會感到滿足，也不會有創造力。我知道我的作品很不錯，足夠給我們帶來相當不錯的收入，只是需要一點時間發展成為獨立工作者。」羅伯並不是在徵求克莉絲汀的意見，希望她同意自己辭去工作，他的意思基本上是在表示「這一步我想很久了，現在我很清楚時候到了」。

雖然長期以來克莉絲汀都知道羅伯在工作上很沒有成就感，但對於過沒多久就得靠她自己這一份薪水過日子，而且在羅伯的藝術家職涯站穩腳步之前，都只能靠一份薪水過活，這讓克莉絲汀很難接受。聽完羅伯說明自己的感受，以及為何現在走出這一步如此重要之後，克莉絲汀很不情願地同意支持羅伯的決定，可是，她對於收入減少的擔憂卻不斷滋生，後來便找朋友艾莉森聊聊，想詢問朋友對自己面臨的新改變有什麼看法。

艾莉森聽完克莉絲汀的擔憂後，直接點出克莉絲汀是在假設未來可能會發生的事情，而且比起與羅伯的這段關係，克莉絲汀更在意兩人的財務狀況。「我不是說錢不重要！錢當然很重要！」艾利森說：「妳無法斷定以後的收入會是多少！或許妳的猜想不會出錯，但妳現在擔心的，純粹是出自於猜測，事實上妳現在根本就不知道之後會發生什麼事。」

艾莉森繼續說道：「我也是個很愛擔憂的人，但已經開始在改善『愛擔憂』這件事了。針對擔憂，馬克吐溫（Mark Twain）說過一句話：『擔憂就是在償還你沒有欠下的債務。』每當我回想起這句話，就覺得十分受用。我這輩子花了許多時間在擔憂一大堆沒有發生的事情！」

「艾莉森真的幫了我很大的忙，不只在我擔心的財務問題上，還有我得重新調整自己與羅伯的關係，把這份關係改放到第一位。」克莉絲汀說道。

克莉絲汀牢牢記住艾莉森的話，每當她感到焦慮時，就會讓自己停下來，提醒自己，她所猜想的不一定是真的。事實證明，簡單地反思實際情況，不再只是任由思緒發酵，是很有用的方法。

羅伯辭去工作後的幾個月，兩人收入的確減少很多，但也讓克莉絲汀有機會處理自己對物質享受的依戀。克莉絲汀曾經試探地詢問羅伯，是否接受暫時為前雇主做點案子，但直接被拒絕了，所以克莉絲汀明白羅伯的立場有多堅定。接著，克莉絲汀開始從自己的工作裡，想辦法尋求機會來擴大工作職責與薪資。由於她理解到自己與羅伯的關係是目前最重要的事，所以把對物質享樂的依戀轉化為一種偏好選擇。

我們上次與克莉絲汀對談時，她表示，她非常為羅伯感到自豪，因為當地的藝術社群越來越賞識羅伯，而且羅伯總是說到做到。另外，克莉絲汀也對自己感到驕傲，因為她改掉了以前那種會損害兩人信賴感的亂發脾氣的行為。隨著羅伯販售作品的收入增加，再加上克莉絲汀也獲得升遷，終於緩和了她對於變得貧窮的恐懼。

「那種恐懼幾乎不曾再出現在我身上了。」克莉絲汀指出道：「透過學習好好管理我的衝動反應，以及在開口前先停頓一下，不再隨口說出觀點，讓我學會了用好奇的態度去面對工作上的重大轉變和其他挑戰。另一個我很感謝的地方是，要不是羅伯決定離開那份薪水豐厚的工作，我應該不會有動力拓展自己的工作，這一點很棒！」

在克莉絲汀看來，這一開始是個讓人失去安全感、破壞生活品質的事件，但結果卻是為兩人的關係開啟了新的篇章。由於克莉絲汀願意放下對改變現狀的焦慮不安，所以新的發展可能性才會浮現。有時，看似痛苦難受的轉變，結果卻是好事一樁。任何事都是可能的。

53
習慣隱藏而不分享，會傷害真誠性

流暢溝通是成功經營關係的關鍵，但許多人都會選擇隱瞞一些事情，原因是擔心伴侶會對自己產生不好的印象。雖然人們不想公開一些事情是可以理解的，但若隱瞞了與關係發展有關的事情，勢必會有不良的後果，而且這種隱瞞行為也會抑制親密關係的發展。不過，就算是重視要多分享私事的人也是有隱私權的，隱私與祕密之間有著很大的不同。

這當中的區別與「意圖」有關。倘若你保留某些事情是要當作營造錯誤印象的手段，就是一種不誠實的作為，因為你的意圖是想要刻意誤導他人相信虛假的事。關於我們過去發生的事，不是每個細節都需要與伴侶分享，尤其是跟當前這段關係沒有關聯的內容，就沒有必要分享了。由於許多人曾有過分享感受的負面經驗，便決定要格外小心地選擇分享的內容與對象。要是我們曾經因為誠實分享自己做過的事、說過的話、有過的想法或感受，卻受到不好的對待，就可能學會慎選自己回應的內容，以避免他人不認同自己的風險。

人們會變得這麼敏感，是可以理解的，但要是你習慣隱藏而不是分享的話，勢必會有不好的結果，像是傷害到自發性與真誠性。若一段伴侶關係中具有大量的分享特質，就會顯得充滿活力，因為兩人都致力於真誠分享。

要打破這種維繫自我形象的習慣，並不是件容易的事，卻是絕對可以做到的。只要我們所承諾的那個對象能夠給予支持，改變的速度就會加快；倘若支持自己的人就是那位人生伴侶的話，那麼我們就更能勇往直前了。

54

溝通，有時是選擇不說什麼

「記住，除了要在對的地方說對的話，更難做到的是忍住說錯話的衝動。」

——班傑明．富蘭克林（Benjamin Franklin）

大家通常會認為，溝通就是關乎我們該說些什麼，以及該如何表達出來。不過，有時想要改善溝通，與我們說了什麼無關，而是選擇不說什麼。在談話過程中，我們可能會感覺被迫提出自己的看法，但這麼做時，對方未必會感謝。雖然我們會認為對方希望或是需要自己的意見，特別是當對方深陷憂苦的時候，但或許對方根本就沒有想要聽我們的意見。

所謂的「抑制想要分享意見的衝動」，並不是說在對方講完擔憂的事情之後，我們完全都不回應，而是要仔細傾聽對方說的話，感受話語背後的情緒，才能明白對方希望從我們身上得到什麼。倘若我們不清楚對方到底想要什麼，直接開口詢問是比較好的，像是：「我很難過你遇到困難，我可以理解你為何會這麼沮喪，有什麼我可以幫忙的事嗎？」

我們並不希望讀者把這句話當作範本來重複使用，只是舉例說明我們可以提出兩點來支持陷入憂愁的伴侶。第一點是傳達我們瞭解對方的處境，對他們懷有同情心和關懷，確保對方不是獨自面對。第二點是邀請對方自我省思，辨識並找出自己當下的渴望。

當人們把憂愁表達出來時，其動機通常是要尋求協助，或是希望填滿未被滿足的需求。雖然在釐清對方最需要的幫助之後，我們無法保證一定可以提供協助，但在多數情況下可以帶領彼此走上有效溝通的道路。

「溝通」的英文是「communication」，其字根是「common」，指達到共同理解、共同關心彼此的幸福。有時候，比起長篇大論的意見，共享一段寧靜無語的關愛時間，其實能傳遞出更多的訊息。另一些時候，我們則是需要說一些話，不過，語言可以療癒人，也會傷到人，因此，說些什麼、該不該說些什麼，以及該如何說，全都會帶來很不一樣的結果。

一個很有幫助的作法就是，不只是尋求瞭解伴侶當下的需求，還要釐清自己回應伴侶的意圖，你可以這樣詢問自己：「透過這次溝通，我希望達到哪些目標？」透過簡單的話語，就可以創造強大的結果。

55 找出互相衝突的承諾，解決需要關注的議題

我們最常從學生和個案那裡聽到的內容中，有一項是「我知道自己得做哪些事，但就是做不到。」這些人讀了很多自我成長類書籍，也參加了工作坊，甚至還尋求諮商，但儘管他們付出了最大的努力，似乎還是沒有辦法把學到的建言付諸實行。

一般來說，這些人得到的結論是：自己想成長的動機太薄弱，或是自己太懶惰或不夠聰明，或是自己搞砸了，所以無法做到自己應該要做的事情。然而，我們在與這類人談話後，經常發現他們認定的自我缺點都不是真的。事實上，導致這些情況的原因是：互相衝突的承諾（competing commitments）。

互相衝突的承諾（通常發生在潛意識）是指，我們承諾會做的事，與自己覺察到的有意識需求相互衝突，例如：我們想要有很多自由時間，但又想要賺很多錢。另一

個例子是，我們要選擇感覺有些危險的真誠，還是打安全牌就好，盡可能不展露自己的感受？為了促進兩人的關係，彼此的生活需要更透明、更坦誠、更有接受度、更有意識，那麼我們到底該做到哪一項呢？

這裡需要的是致力投入於做到真誠、坦率、勇敢，而且超越自己對於外在形象、舒適度、自我判斷正確的要求。換句話說，我們需要願意尊重內心的真實感受，而不是迎合自我的期望。然而，這個過程需要藉由幾個問題來展開內在省思：

- 如果我深入探究自己的話，可能會看到什麼？
- 要是我看到自己不喜歡的模樣，我的反應是同情自己還是自責？
- 我的生活裡，是否有人可能不認同我內心可能會有的想法和感受？
- 要是我認為的自己，與我實際的生活方式有差距，那該怎麼辦？
- 要是發現我不是自己「應該」要成為的那個模樣呢？那該怎麼辦？

其中一些是我們迴避正視自己時可能會產生的擔憂，另一些則是在擔憂我們為自己創造的身分會受到威脅。當我們解除了對於「陰影承諾」（shadow commitment）的禁令，不再將不想要的見解排除在意識之外，就更容易察覺到其他隱藏的擔憂。

這裡還有幾個例子：我可能有意識地希望成為更好的傾聽者，但潛意識中互相衝突的承諾卻是希望自己能展現機智幽默，好給他人留下深刻的印象，成為大家關注的焦點、獲得認可。我在意識中可能承諾要做到誠實，但潛意識中卻完全不願意透露任何會讓他人看輕自己的事情。另外，我們可能承諾了要更加照顧身體，卻又覺得應該放縱一下，暫時休息，不上健身房，或是享用第二份甜點。或是我可能希望能夠在親密關係裡誠實，但內心卻暗藏著對衝突的恐懼，以至於在感到不悅時卻假裝沒事。諸如此類的例子，可以一直舉下去。

把互相衝突的承諾帶入覺察意識之後，它們並不會就此消失，但能讓我們知道還有其他需求得考量，也讓我們減少自我批判，以利更深入地審視這兩個看似互有衝突的需求，解決真正需要我們關注的潛藏議題。無論是與他人或是與自己的關係，「擴展自我反省的能力」都是我們可以培育的重要能力之一。只要我們能做到自我反省，就可以增進自我理解與自我接納，進而在各種關係裡帶來更多接納與尊重。

56

設定有效的界線，對方才能調整期望

界線是用來區分兩個相鄰區域的分隔線，雖然我們通常都會直接想到地理位置上的邊界，像是甲方土地結束的地方，就是開始計算乙方土地的起點。不過，本篇討論的不是實際地點的界線，而是人與人之間的情感界線。

不同於牆壁之類的實體界線，個人的界線是看不見的，卻是可以移動並調整個人的空間，這是我們與他人保有的距離，能讓我們在身體與情感上的親密程度和距離感之間取得最好的平衡。不過，我們無法設定固定不變的界線，因為許多要素會決定界線能否滿足自我需求及達到平衡，例如：特定的處境、交流往來的對象、與對方共有的信賴程度、自己當下對建立關係的需求程度。

設定有效的界線，是維持健康人際關係的基本能力。若是做不到這一點，就會成為許多人際關係破裂的主因。過於嚴格的界線可能會讓你與他人的距離過於遙遠，進而降低親密度並造成疏離感；但當界線不夠明確時，則會讓你過度配合及介入他人的生活。

不可否認的是，設定有效用的界線不是件簡單的事。要是你長期都在容忍伴侶的不尊重行為模式，就會更難設下界線，因為當你站出來表達自己可以接受及無法接受什麼時，肯定會受到伴侶的強烈反擊。有時候，我們會等到情況變得很糟糕了，才終於準備好冒險挺身而出。

當我們熟練於如何設定界線後，就可以向他人傳達清楚的訊息，表達有關自己對於身體和情緒感到自在的程度，那麼對方就能夠相對應地調整期望。同時，我們也能夠接受對方設定界線。然而，對於設定界線，許多人會感到困難重重，因為這需要打破一些過去數年甚至數十年來培養而成的舊行為模式。

例如，當我們要戒掉內心覺得「不要」卻開口說「好」的行為模式時，可能會覺得有些危險，擔心著被拒絕或是讓對方失望。我們害怕在放下被動與順從，改為自己負起責任、設定界線之後，可能會帶來的後果，然而，就跟其他具有風險性的事情一樣，破除舊行為模式所帶來的好處遠遠大過於那些後果。

琳達的經驗談

以我個人的經驗來看，我知道這是真的！幾年前，我們剛結婚的時候，我還不太懂得要設定界線，我與查理的相處模式就不太健康。由於我的內心總是想要避免衝突，所以會過度遷就查理，嚴重到我開始對查理滿腹抱怨。每當發生分歧時，查理則是很傲慢，認為一定要照著他的意思做。查理看到我決心要改變時，一開始很抗拒，但後來，他發現與新的我相處起來比以前更有趣，也就跟著改變，所以我們就一直走了過來。

我提供幾個例子來說明我與查理遇到的狀況與處理方式。每當查理沒有做到自己該做的事時，我不再生著悶氣替他處理，而是放下出手救援的想法，結果令人驚訝，因為查理開始越做越多。另外，我不再批評查理很疏遠，而是表達我很想他，展現我的脆弱面而不是生氣。當我覺得查理收下我對他的好，卻沒有回報時，我也不再說他自私，而是表達我感到很失望。若是遇到我在家中的地位被貶低的情況，那麼我就會找查理來談談「平等」這件事情。

我看到自己的順從餵養出一隻怪獸，讓查理沉浸在理所當然之中。然而，我並非選擇使出操縱手段，而是開始直接表達內心的渴望。對於當時的處境，要接受自己得承擔部分責任，實在很困難，因為這表示我得放下受害者角色才行。不過，我以前沒注意到的是，若隱藏自己真實的需求與渴望，那麼軟弱無力的感覺只會加劇。隨著脫離受害者角色，我逐漸成為更積極主動的人，也漸漸變得更加自信和從容。

在從上下權力階級架構轉換到伴侶關係模式的過程裡，我們有許多次不小心掉回到舊的相處模式，但都能夠越來越快地拉回到伴侶關係。我的擔憂和恐懼減少了，對彼此的衝動反應也降低了，後來，我們之間的信賴度來到全新的高度，那是我們以前未曾經歷過的信賴關係。在這個過程中，學習「設定界線」與「尊重界線」是最主要的因素！

57

批判、迎合或威脅，如何戒掉操縱手段？

字典中把「manipulate」（操縱）定義為「為了尋求個人利益，以精明狡猾或是誘騙的方式，達到影響、支配的作用」。沒有人喜歡把自己視為操縱者，或者被指責為操縱者，但大多數人時常試圖採取操縱策略來滿足自己的期望。我們想到的操縱手段大約有五十種，下方列出前十名：

- 恐嚇
- 羞辱
- 威脅
- 侮辱

・嘲笑
・迎合
・批判
・奉承
・賄賂
・內疚感

許多操縱行為的本質並沒有什麼害處，在某些情況之下甚至還具有適當性。因此，一個人是否在操縱，問題不在於行為本身，而是運用操縱行為的情境，以及其言行背後的意圖。當行事者隱藏的動機是為了誤導，便具有「操縱」的意圖。

當我們尋求實現某種結果時，就會想要操縱，而且會更加執著於自己想要的結果。每當我們不願意冒險直接表達自己的渴望時，就會使出操縱這一招，因為使用隱晦手段來左右他人遷就我們，感覺起來比較沒有那麼脆弱。

大多數人都知道，在親密關係中使用操縱手段，將會削弱信賴度。既然如此，人們為何要操縱他人呢？為何又會認為操縱是合理的行為呢？下列是我們時常聽到的合理化理由：

- 每個人都會這樣做。
- 這又不會造成傷害。
- 若不這樣做，我就得不到我所需要的。
- 某某人都這樣做了，要是我不這麼做的話，就吃虧了。
- 這沒什麼大不了的。
- 這是一種習慣，我就是改不掉。
- 我不想被任何人占便宜。

你也可以在清單上加入你喜歡的理由，但請記住，合理化並不等於是事實。在親密關係裡，當你將操縱行為合理化時，必定會帶來意想不到的後果。

這些後果包括：

・人際關係裡的信賴程度下降。
・由於擔憂自己深層的動機會被揭露，所以焦慮感會增加。
・內疚感和羞愧感。
・親密關係品質下降。
・埋怨的情緒加劇。
・爭論的頻率與強度加劇。
・失去個人的誠信。

當他人以隱晦手段左右我們時，我們可能會感覺到自己被操縱了，卻可能不會注意到自己出現了操縱的行為，所以一旦發現時，總是會感到難堪。大多數人都不願意承認自己居然有這種違反好人形象的動機，因此通常都不會意識到自身的操控傾向。

一般來說，我們之所以會想要操縱，是因為擔心自己會因渴望沒有被滿足而受苦。這些渴望包含（但不侷限於）接納、愛、認可、性、金錢、關注、安全感、支持、同意、控制、讚美。只要我們更加意識到自身的操縱行為模式及其代價，就會有動力去打斷操縱衝動，接著就能夠鼓起勇氣，直接挺身提出自己的需要與渴望。

若要戒掉操縱行為、重拾誠信，就需要對自己坦誠。藉由自我探詢的過程，我們就更能夠覺察到潛意識中引發操縱行為的動機，以及使用更有效的手段來滿足自己的需求。

以下的幾個問題能協助我們找出一些未知的動機。我們建議以書面方式或是與他人對話來回答這些問題，而不是隨口提出答案。隨著洞悉更深層的動機，我們就越有能力以更真誠的方式來處裡事情。

- 你偏好的操縱手段是什麼？（舉出你操縱他人的例子。）
- 操縱他人的時候，你在找尋什麼呢？（舉出你想要尋求或體驗的事物。）
- 是什麼樣的恐懼驅使你去操縱他人？（另一種問法是「若不操縱他人的話，你會害怕失去或是得不到什麼東西嗎？」）
- 因為操縱他人而付出的代價是什麼呢？（這對你自己與人際關係帶來哪些負面影響？）

・你需要哪些特質才會停止操縱他人？（為了要戒除操縱的習慣，你必須願意承擔哪些風險？）
・哪一類支持可幫助你努力戒除操縱習慣？
・改掉操縱習慣的話，你能獲得什麼呢？

這種自我質問（self-confrontation）需要勇氣與致力投入。每個人都會強烈避免面對關於自己的醜惡真相，因為檢視內心時通常會引發羞愧和內疚感。不過，一旦我們接受這些更深層的感受之後，就可以在人際關係裡感受到更多的真實性、親密感與熱情。只要我們決心跟希望建立深厚連結的對象進行更直接的溝通，那麼前述的正向感受就會立即開始浮現。我們實踐練習的時間越長，對此就會更加上手。想要享受這樣的美好成果，永遠不嫌早，更不會嫌晚！

58 正念不是逃避責任，而是讓我們看得更清楚

「正念」這個詞近來時常出現在媒體上，每當大家談到正念，通常都會想到有個人以盤腿姿勢坐在冥想墊上，閉著雙眼，臉上洋溢幸福的表情。儘管有許多人確實會在冥想墊上練習正念，但其實我們隨時隨地都可以正念。正念指的是把注意力集中在內在感受上，包括思緒、情緒與肢體知覺，同時放下批判，把意識放在當下的感受上。

對於不熟悉正念的人來說，「觀察自身的內在感受」聽起來似乎很簡單，但曾經練習正念的人都知道，簡單並不等於容易。保持正念的一部分挑戰，在於我們（和其他人）的大腦專注力都傾向不停跳動，而且往往是在幾毫秒內就會變動，這種現象通常被稱為「猴子心」。

生活在不斷受到干擾的文化裡，我們的注意力很容易被轉移，此時，我們會感到

自己被瓜分成小塊，就像是缺少了什麼似的，而所欠缺的就是一種完整的感覺。由於我們沒有完全活在當下，因而未曾感到完整，便會去尋找某樣東西或某個人，好為我們提供「感到完整」所需的東西。

完整的感受包含一種平靜感，以及與自己和他人的連結關係。當我們得不到這些感受時，可能會認為自己欠缺了某些東西，因此就會想要去尋求。正念練習未必會讓人感到幸福快樂，因為保有正念就是要與自己當下的感受連結，因此潛在的範圍十分寬廣。完整的感受未必等於有美好的感覺，而是純粹感受當下，接收我們意識裡的各種感覺。

那麼，這與親密關係有什麼關係呢？簡單來說，關係非常大！人們會尋找短期或長期伴侶的主要動機，不外乎就是為了尋求完整。親密關係帶來的正向感知，可以強力地把我們的注意力從不愉快的感受中轉移開來，也能滿足人類對建立關係的基本需求，而練習正念則可以抵消那些會損害信賴與親密感的過度反應。親密關係裡的正念練習，是強而有力的日常實踐形式。若伴侶能分享共同的存在感，就會以開放的態度來面對自己的全部經歷。這種深刻而有意義的參與，正是使人際關係圓滿的基礎。

若我們可以把不帶批判的意識帶入對經驗的感受中，制伏狂野不羈的心智，那麼我們就比較不會過度反應，也比較能夠活在當下，進而降低被煩惱狹持的可能性，而煩惱正好就是引發衝突的常見來源。

人際關係裡的正念，可以運用在各種不同的情境裡：靜靜地坐在一起，或是一起散步；避免批判和主動發表意見，只開口說真實且有助益的話；規畫一段不被打擾的時間，討論重要的實質議題，不談日常的瑣碎事務；刻意慢慢地一起享用餐點，而不是匆忙進食。這些活動可以與伴侶或團體一起進行。

我們在日常生活裡就可以練習正念，只需要放慢腳步、集中注意力即可。在心裡感到雜亂時，提醒自己有意識地深呼吸幾次，確認自己的狀態，好讓自己放開惱人的思緒。然而，我們還是有必要採取行動；正念不是逃避責任，而是讓我們能夠將人際關係、工作和生活看得更清楚透徹。

對於想練習正念但覺得自己沒有時間的人，請試想一下：達賴喇嘛每天會花四小時坐著冥想，但他的行程可不是一片空白。當我們有很重要的事情得處理時，自然會想辦法找出時間去做。

若要過著正念的生活，我們未必要坐下來冥想，或是在已經滿檔的生活裡增添待辦事項，只要讓自己更專注於本來就在做的事情上即可。說來有些矛盾，但這麼做並不會讓你完成的事情變少，反而會增加。你親自試試看吧！或許，你會喜歡上正念。

59 童年時的角色，可能破壞成年後的人際關係

我們童年時期在家中扮演的角色，往往會再次出現在親密關係裡，所以我們自然會去找尋可以複製這種模式的伴侶。從小被培養成某個角色，讓我們有能力去應對在家中遇到的困難與挑戰，以下舉出幾個例子：

- 追求和諧的人（peacemaker）在家中主要負責協調紛爭，安撫煩躁、憤怒的家庭成員。
- 親職化小孩（parental child）是被迫倉促長大的大人，不僅要負擔家務，還得獨自扛起養育弟弟或妹妹的責任，或是甚至得照顧不盡責的父母。
- 配偶角色的小孩（martial child）得填補父母在實際生活或情感上留下的空缺，

替代配偶的角色，負責滿足父母對陪伴的需求，更甚者還得滿足父親或母親的性需求。

- 由於父親或母親在肢體或情感上的負擔過重，所以小孩得擔任助手的角色，卻因而錯失了兒童玩耍時期的各種樂趣。
- 小孩得扮演小丑或搞笑角色，幫助憂鬱的父母振作。
- 英雄般的好表現，獲取好成績、運動表現優異、獲選入學生會、給家族增添光榮，卻時常感到孤單、缺乏安全感、壓力大。
- 打破規矩的叛逆小孩，他們不打掃房間、不寫作業、經常翹課逃學、可能未婚懷孕、飆車、對大人吼叫，有時被稱為害群之馬。這樣的孩子願意犧牲自己，以轉移父母的婚姻問題所在的焦點。

我們在童年時期會被賦予的角色非常多，前面只是其中數種。

試想一下維克特與吉奧遭遇的處境，兩人完全沒發覺自己童年時期的行為模式被帶入婚姻，而他們從童年時期就開始扮演的角色，為婚姻帶來了破壞力十足的影響。

維克多是個親職化小孩。他的父親酒精成癮，時常因宿醉曠職而失業。他看到母親為此煩惱，不僅下課後會去打工貼補家用，更成為母親強大的情感支柱。維克多的妻子吉奧是家中最小的孩子，因為父母的感情不太好，吉奧就成為兩人情感的投射對象。父母總是把她當作小孩在照顧，也不鼓勵吉奧獨立發展，因為父母需要的就是把她留在身邊。從離開原生家庭到踏入婚姻的這段期間，吉奧幾乎沒有發展自我認同的時間，由於家人的過度保護，吉奧自認為是無助軟弱且需要許多關懷的人。

他們倆剛開始交往時，維克多很喜歡被視為超人，也很習慣按照自己的方式做事，吉奧則是很享受被照顧與寵愛。不過，隨著時間發展，維克多的喜悅感受已經逐步被磨光，更多的是負擔沉重的感覺。性方面的吸引力也逐漸消失，因為維克多覺得自己更像是吉奧的父親，而不是丈夫的角色。維克多曾經嘗試找吉奧談論兩人的困境，以及改變兩人的相處模式，卻都沒有什麼效果。

在潛意識作祟之下，一邊是做太多的丈夫，另一邊是做不夠多的孩子氣妻子，最後擊垮了這個家庭，兩人也以離婚收場。若當時他們可以尋找諮商心理師，解決兩人身上背負的原生家庭角色，就比較有機會挽救婚姻。原生家庭帶來的行為模式非常多，做太多與做太少的伴侶關係只是其中一種，卻都對成人的人際關係具有強大的破壞力。

這些舊行為模式在被提出來解決之前，都具有十足的危害性。由於我們在成人時期的心智較成熟、有力量，也有能力做出更明智的決定，可以看得更清楚，此時正是把童年時期扮演的角色帶到意識裡的絕佳時機，如此一來將能帶來巨大的轉變！

60

逃避談論艱難的話題，將會導致蔑視

伴侶關係專家約翰．高特曼使用「末日四騎士」來說明人際關係裡的四大威脅：批評（criticism）、防衛（defensiveness）、築高牆（stonewalling）、蔑視（contempt）。《美國傳統英語字典》對contempt（蔑視）的定義是「**指責、輕視，就像是面對邪惡或不光采的事物一樣，還帶有不滿意的藐視之意**」。

雖然表現出蔑視或是被蔑視的人會覺得這是「毫無預警」的，但其實並非如此。「蔑視」通常是因為選擇去否定失望、怨恨與傷害而帶來的結果；失望、怨恨與傷害可能是長時間堆積出來的感受，要是疏於解決它們，就會導致蔑視。

痛苦的情緒通常不會自行消失，而且直到它取得足夠的關注之前還會繼續加劇。倘若要開口告訴伴侶，對方帶給自己的痛楚，通常會讓人感到冒險，也可能會讓對方對自己感到不滿，因為對方不想聽到這些事。因此，許多人都選擇隱瞞「壞消息」，默默希望這股感受會自動消失，然後就不必開口解釋了，但事情往往不是這樣發展的。這裡的癥結點在於，當我們沒有解決分歧時，負面情緒不只是會持續存在，更會侵害兩人關係的基石，就像心情從不悅惡化成憂鬱消沉。更深程度的情緒干擾（如憂鬱、蔑視）更難以修復，因為此時的情緒掌控力會過於強大。當我們將問題擱置越久，就越有可能造成極端分化的僵局，此時，除了選擇離開或是持續承受痛苦之外，雙方都看不見可行的道路。試圖容忍蔑視行徑，不僅會損害關係，也會對雙方身體與情緒的健康狀態造成傷害。

通常，蔑視的起因是因為不願意談論那些難以啟齒的艱難話題。當雙方都能夠放下戒心去回應時，蔑視就不太可能發生，原因是他們不太擔心會因為提出棘手議題而遭到報復。

「蔑視的傾向」是雙方共同養成的行為模式。一般來說，伴侶中會有一方是迴避衝突者，而另一方則不會迴避衝突，迴避的一方很容易會有怨恨與毀滅性想像。若時間久了，卻沒有處理這些情緒，那麼就算是關係良好的伴侶也會受到傷害，而此處的關鍵詞正是「置之不理」。當我們關心兩人關係的狀態，並以尊重的方式做出回應時，就不太可能掉入蔑視的局面。要是不關心或查看兩人的關係，就是在播下蔑視的種子，並將兩人的幸福與親密關係暴露在風險裡。

若要帶著尊重的態度，向伴侶提及可能引發衝突的議題，則需要勇氣與致力投入。開啟可能引發情緒激動的話題，確實會有風險，不過，比起抗拒處理需要解決的差異性議題，其風險小得多。縱然我們無法避免生氣或失望的感受，但可以預防這些負面情緒惡化成蔑視，對這段關係來說就是好的！

61 情緒被觸發時，你可以選擇停下來反思

我們都很容易掉入極端分化的想法，也就是那種事情非黑即白的念頭，像是「聽我的，不然就給我滾」、正確與錯誤、好的與壞的。若這種想法發生在人際關係上，很可能會給我們帶來大麻煩。那麼，當我們發現自己的情緒被觸發，陷入非黑即白的想法時，該怎麼辦呢？此時看起來只有兩個選項：發洩自己對觸發情緒者的感覺，或是壓抑自己的情緒。好消息是，其實有第三個選項，也就是「停下來反思」。

停下來就是把注意力從伴侶（我們可能視為敵人的對象）身上，轉移到與自己內心對話的過程，此時，我們有可能把自己的意圖從「證明自己是對的」，轉換成創造尊重彼此的對話，擺脫爭輸贏的局面。讓對方成為輸家，以便讓自己獲勝，這「勝利」的代價太大了，一點也不值得！要是我們沉浸在想要打敗對方，或是懲罰對方的

想法，很可能會消滅彼此的信賴與親善。

只需要一個人就可以開始把敵對感轉移成夥伴關係，其挑戰之處在於要願意邁出這一步，而不是企圖強迫對方先跨出第一步。當我們轉換觀點後，就可以立即提升雙方的安全感，讓彼此更容易傾聽與回應對方，也降低了防衛的心態。

當自己的「敏感議題」被觸發時，要記住下列幾件事情：

- 伴侶並不是做了什麼讓我產生當下情緒（如受傷、生氣、害怕等）的事，而是觸動到我內心的這些感受。
- 出現這些感受是沒問題的，我不必因為伴侶觸發了我的這些感受而懲罰對方。
- 我想讓對方知道，我有不一樣的觀點，而且我有權力擁有自己的想法。要做到這一點，最好的方式就是不威脅或譴責，以便降低對方的防衛心，然後直接表達自己在意的地方。
- 我知道，當感到被不公平對待時，反擊的感覺實在很棒，但這麼做只會讓我們在深淵裡越陷越深。

- 而且，我不打算收下關於這次關係破裂的責備，因為我覺得不應該是由我來承擔一切。
- 我知道自己得負起一些責任，但不需要捨棄自我，或是把過錯全都怪罪給另一半。

我們需要正向積極的自我對話，好在情緒高漲之際還能夠做到自我問答。的確，這說來容易，但做起來卻一點也不簡單。請記住，在雙方的互動變得緊張時，我們可以選擇休息一下，利用這段時間來消除內心的防衛性與懲罰性衝動。即便是在良好的關係裡，情緒還是會被觸發，但處在其中的伴侶因為很早就感受到，就可以快速平息它們。如此一來，情緒反應就成了一道警報，而不會造成關係破裂，這是每個人都可以學習做到的。

62

差異性是不可或缺的面向，而非威脅

即便是經營十分成功的伴侶關係，也會有無法徹底解決的差異性問題。若一方或雙方有無法容忍的差異性，恐怕就會造成大問題，但若有愛與尊重為基礎，就比較不會走向分手的結局。

伴侶交往初期出現的差異性，多數都不會自動消失，但也不會演變成問題，只有在差異性變成衝突的來源時，問題才會浮現。只要伴侶能夠接受差異性，甚至把彼此的差異視為兩人關係不可或缺的面向，或許這就不會構成威脅。當兩人的不同之處不再是威脅時，我們也比較不會執著於堅持個人的偏好，如此一來，就算是難以對付的差異性，也能夠輕鬆面對了。

我們來看一下莉亞與傑森的故事，當時兩人的婚姻惡化到快要離婚的地步。

莉亞：在和傑森結婚之前，我認為夫妻關係會隨著時間發展而變得和諧，差異性也會減少或不見。但是，我錯了。我們有不同觀點的情況，不僅沒有消失，還越來越明顯且嚴重。我很害怕若這樣繼續下去，我們的婚姻注定會失敗。

傑森：有一段時間，我們的情況感覺沒有機會了。我一直都有種被控制的感覺，每次莉亞要我去做我不認同的事情時，我都會發狂。

莉亞：這樣會讓我覺得傑森不愛我了，因為我認為，若是他愛我的話，就會更樂意接受我的想法。

傑森：我們一直被困在這種可怕的相處模式裡，不斷對著我們的婚姻施壓！要是說這是惡夢一場，那實在太輕描淡寫了。

莉亞：後來，終於到了得對外尋求協助的地步，那時我們差不多要離婚了。其中一個我們無法達成共識的地方，就是我覺得應該要進行諮商，但傑森認為不需要。

傑森：我一直都相信，只要用心，然後努力去理清問題，就可以靠自己處理。還好，莉亞針對這件事情，立場堅定，完全不退讓，所以我就不太甘願地同意進行諮商。

莉亞：當時，我們真的沒有什麼好擔心失去的了。我們的關係完全破裂，整天就像是在跟敵人一起生活。性生活也停了好幾個月，兩人的情況一天比一天更糟糕。

傑森：諮商心理師幫助我看到了自己的一些行為造成了今天的局面，點出我的負面行為，也提供了替代性作法的建議。

莉亞：傑森學習得非常好。如果有他想學習的東西，他就會全身投入，這就是他投入諮商過程的方式。

傑森：諮商心理師幫助我看清了，在我發脾氣的背後，其實有很多恐懼。我想著，要是自己沒有站出來反抗莉亞的話，莉亞可能就會覺得我很軟弱。直到進行諮商時，我才明白自己也是問題的一部分，最後也意識到莉亞不是唯一一個在耍固執的人。

莉亞：我得學習去處理害怕失去傑森的恐懼，這也是導致我想要控制傑森的原因。我學到很重要的一件事，那就是我們的差異性本身並不是問題，問題在於我們想要對方接受自己的想法。所以，當我們開始明白差異性不必處理到消失時，兩人都放下了要對方接受自己觀點的努力。現在，我們會分別表達自己的偏好，但不會覺得對方一定要同意或接受，通常我們都能做到可行的理解程度，因為我們不再試圖強迫對方要怎樣……嗯，但也不是完全沒有就是了。

傑森：我們花了很多力氣在實踐練習上，一開始諮商心理師會教我們，但之後就得靠自己把學到的東西付諸實行。改變舊習慣並不是件容易的事，但我們有很多學習的機會。在這個過程中，我們都變得更加欣賞彼此的差異，也願意接受對方帶來的影響。

莉亞：我培養出更多的耐心與寬恕，雖然我們都是性急魯莽的人，也還沒有完成修復的過程，但現在的生活算是非常和諧了。

莉亞和傑森挽救了一段岌岌可危的婚姻，原因是他們願意把兩人關係的地位放在第一順位，不再在意控制或操縱手段。他們把兩人的關係排在第一順位，願意付出一切來獲得最重要的寶藏：相互承諾的伴侶關係。有句老話說：「你可以都是對的，或是你可以擁有一段親密關係。」這裡的關鍵字是「或是」，因為我們不能兩個都要，你的選擇會是哪一個呢？

63 「你的防衛心真強！」會讓對方築起心牆

「你的防衛心真強！」如果有人曾對你說過這句話，你知道自己在聽到的當下最不想做的一件事情就是放下防衛。令人玩味的是，說這句話的人的目的就是希望你可以移除防衛！就算你在聽到這句責備（通常都是責罵的語氣）之前並沒有防衛心，但在聽到之後幾乎立刻就會築起心牆。

在身體或是情感受到威脅時，防衛行為是很自然的反應。藉由實踐練習，我們可以學習比較有效的自我保護方式。儘管有許多心靈成長類書籍總是在警告我們，採取防衛心或是激起他人的防衛心是多麼危險，卻沒有體認到要消除這個本能反應是非常困難的一件事。

特別是在親密關係裡，每當我們感覺被攻擊了，想要捍衛自己的衝動就會很強烈，甚至到控制不了的地步。或許，跟被冒犯的程度相比，自己的反應顯得有些誇大，但這是因為我們接收到的話語或行為刺激到了自己尚未癒合的情感傷口。一旦自身的「敏感議題」被勾起來，平時藏匿在表層意識底下的情緒就會綁架我們。

把這些情緒藏起來，會有一些後果，包括它們可能會以各種形式影響到身體與人際關係的健康程度。除非我們能接受過往，否則它們將成為需要迴避的「未完成」事件。這不僅會繼續阻礙我們的創意能量流動，也會壓抑了擁有親密感的能力，導致我們必須跟一股輕微的焦慮感共存，而焦慮的起因是害怕自己會暴露出不穩定的潛在情緒。

若要直接放下痛苦的感受或思緒，一點都不簡單。除非我們可以辨別出引發我們過度反應的恐懼與想法，否則就會一直被狹持著。有所承諾的伴侶關係會讓我們不斷有機會去觸碰這些深藏的議題，包含最深層的渴望、最大的恐懼、最渴切的盼望，因為親密關係時常會喚起那些未癒合的傷口。此外，我們也會把最珍視的希望，放在有所承諾的伴侶關係裡，但這些盼望經常會轉變成伴侶或自己都未必覺察到各式各樣的期望。

此外，想要僅由一個人來達成這些期望，大多時候都不太可能實現，但我們總是認為對方要滿足自己的期望。或許，我們會覺得自己的期望有權被滿足，所以當伴侶沒有做到時就是「背叛」自己，然後就會氣憤無比。在我們的生活中，只有我們擁有那種將期望投射到伴侶身上的特權。每當我們感覺伴侶讓自己失望時，就會出現難以忍受的痛苦，而當我們感覺自己被伴侶滿足時，就會有無限的快樂。

我們試圖避免因為失望而感到疼痛的方法之一，就是嘗試掌控伴侶的行為，而防衛心就是一種掌控行為。防衛心有許多不同的形式，諸如恐嚇、沉默、責備、自我辯解、打斷對方、解釋、反擊等等。諷刺的是，使出掌控行為其實會加劇最初觸發衝突的狀況。

這場僵局的解決辦法，並不是改變自己的行為，而是扭轉我們看待特定情境的觀點。假若把兩人的互動看成是對方造成的破裂問題，就會覺得有必要「矯正」，但結果可能是對方想要對抗我們的掌控行為，進而出現更嚴重的防衛心，而這樣的循環通常會帶來不愉快的結局。

其實，這個循環是可以打破的，只要我們扭轉觀點，從受害者移轉到負起責任的個體，也就是自己藉由放下防衛心，擁有了緩和不穩定情況的力量。

即便我們致力投入於解決自身的情緒敏感度，但防衛行為模式並不容易改變，畢竟我們就算知道自己得做些什麼，也不一定做得到。掌控、尋求認可、保護自己、證明自己是對的等等，這些互相衝突的承諾，在此時往往會凌駕於展露脆弱面和保持透明的意願之上。

儘管有這些相互衝突的渴望，伴侶還是有可能打破兩人關係裡的防衛行為模式。的確，這得付出努力和實踐練習，還要擁有勇氣在面對恐懼時展現情感脆弱面。不管最終結果如何，光是練習的過程就可以讓我們更懂得去愛和被愛，進而大幅提高共創雙方渴望之成果的機會。

當你有股衝動想要脫口說出「你的防衛心真強！」時，或許可以先自問：「我所做的行為或所說的話，是不是有可能會讓伴侶想要自我防衛？」如果你自己想不出任何答案，可以問問伴侶，對方肯定會很樂意幫你解答，此時，你們就可以有截然不同的談話內容。

64

「回饋」是描述個人反應，而非提供意見

當你聽到這個問題時，可能會想從最近的那道門衝出去。大多數人聽到「回饋」（feedback）這個詞時，通常會預期那是批判、建議、意見、建設性批評等等。隱藏在這種「幫忙」背後的假設是，我們（聽者）其實不懂得自己該做什麼或是該說什麼，也不清楚該如何做，甚至不知道什麼對自己才是好的，反倒是提供回饋的人十分清楚。

提議要提供回饋的背後意圖，未必是為了對方好，有可能是希望藉由分享智慧之語來肯定自己的聰明才智，證明自己比較有知識，但也未必是如此。我們提出建言時，通常是出於真誠的意圖，是為了對方好，這沒什麼問題，但其實不算是回饋。

大家普遍對「回饋」這個詞有所誤解，所認為的「回饋」其實並不是「回饋」。

就人際關係而言，「回饋」是描述個人反應的訊息，內容通常是與他人互動後所產生的反應。「回饋」不是評估他人的行為或言詞，而是自己對他人產生的內在反應。沒有人可以確切知道他人會如何被互動所影響，若沒有收到回饋的話，我們就只能猜測對方的感受。不論自己有沒有覺察到，其實我們一直在觀察他人的反應，包含言語或非言語的反應，為的就是要確認自己需不需要調整訊息內容，或是修改表達方式。

我們觀察的線索包含肢體語言，例如抬眉、呼吸加快、改變姿勢、坐在椅子上的身體前傾（或後躺）、微笑、皺眉等等，而當我們看到這些回饋之後，潛意識裡就會調整言語用詞、語調和行為。若我們認為談話對象感到無趣、心煩、不專心、不耐煩，或是有跡象顯示對方心不在焉，或是不贊同我們的談話內容，那麼我們可能就會選擇調整內容或語氣。

為了取得進一步的資訊，我們可以詢問對方是否理解自己在說些什麼、是否同意自己的觀點，也可以要求對方用自己的話重複說一次。不同於批判、闡釋、意見、建議、價值觀、主張，「回饋」只是個人在溝通過程中接收到訊息之後，感知、情緒和思緒上所出現的反應。

舉例來說，如果有朋友拿他自身關心的議題來要求我提供回饋，我不會說我認為他應該要怎麼做，而是會回答自己聽到這些訊息之後的內心反應，例如：「如果要我同意你的話，我會感覺到有些壓力」、「我感到困惑不解」、「我覺得你有理解和支持我」、「我不是很確定你要問我的問題」。至於不屬於回饋的例子，則是「我才不會那樣做」、「這是個好點子」、「你瘋了嗎？」、「我才不會這樣放過她」，以及各種意見。這並不是說意見本身沒有價值，只是意見並不等於回饋。倘若我不確定朋友是想要聽取意見，還是想要我的回饋，那麼我可能會直接問清楚，如此我才能提供對方真正尋求的回應。

當我們搞不清狀況時，產生誤解的可能性就會增加。有些人在要求對方提供回饋時，其實是在尋求認同、許可。接收訊息的人得要有一定程度的技巧，才有辦法給出合乎敏感性、正確性與實用性的回饋。若要誠實地回饋，可能會讓回饋者說出惹對方不悅的話，因此勢必得願意冒一些風險，同時也要相信雙方都有意圖要解決浮現的差異性。

唯有確定說話者真的想要聽到回饋時，我們才應該提供回饋。不論你的建議或評論有多真實、多準確，只要是在對方沒有提出要求的情況下擅自提出，它們就不會受到歡迎。要是你心裡有疑問的話，就先確認一下。

由於多數溝通的深層目的都是為了讓聽者能出現特定的反應，所以回饋就成了非常重要的工具。若沒有取得對方回饋的資訊，我們就無從得知自己是否有做好溝通，以及是否需要做些調整。

交換回饋的絕佳好處之一，就是加深理解。尋求回饋的舉動本身就說明了說話者信任聽者，也重視對方的反應，因此，每次提出回饋時就有可能加深彼此的信賴程度。

要在自我覺察與誠實、敏感之間取得平衡，需要高度的技巧，但透過實踐練習就可能練就而成，那些最厲害的教練、戀人、經理人、領導者、老師、家長都做到了。大家一開始都不是很在行，但他們特別留心生活中自然收到的回饋，並且觀察自身說的話與做的事所帶來的後果，然後把學到的教訓運用在生活裡。這並不困難，但也未必很容易，不過肯定值得嘗試！

65

容許自己經歷厭惡與渴望，才能擁有無懼

在建立美好親密關係所需的各種必要性格特質中，我們會把「勇氣」擺在第一位。理由十分簡單，因為當我們缺乏勇氣時，就很難敞開內心去過日子。

要是沒有勇氣，我們就無法冒險把情緒弱點展露給他人看到。「無懼」可說是「勇氣」的同義詞，因此，本篇會把這兩個詞交替使用。根據字典的定義，勇氣是「有能力去做感到害怕的事；這是悲傷或痛苦時會出現的力量」。要是沒有恐懼，也就不會有勇氣了；也就是說，我們要有恐懼，才能無懼、有勇氣。

下列幾位人士對勇氣略知一二，我們來看看他們是怎麼說的：

「勇氣不等於沒有恐懼，而是有能力在面對恐懼時採取行動。」——李小龍

「勇氣不等於沒有恐懼，而是克服恐懼。」——南非前總統納爾遜・曼德拉（Nelson Mandela）

「無懼不等於沒有恐懼，而是精準掌控恐懼；比起跌倒的次數，站起來的總數還多了一次。」——雅莉安娜・哈芬登（Arianna Huffington），《哈芬登郵報》創辦人

「每次面對恐懼時，我們都會在這個過程中獲得力量、信心與勇氣。」——美國前總統西奧多・羅斯福（Theodore Roosevelt）

「勇氣不等於沒有恐懼，而是儘管有恐懼，依然會採取行動。」——馬克・吐溫（Mark Twain）

courage（勇氣）這個英文單字，源自於法文「coeur」和拉丁文「cor」，兩者都是指「心」。為了能無懼，我們要放掉心智上的懼怕，從存在於內心的真理出發。雖然我們還是會擔心前方潛在的危險，但可以刻意做出符合當前主要意圖的決定，以及最能展現內心渴望的行為選擇。這不表示我們可以魯莽行事，反倒是要謹慎做出選擇，要有意識而非直觀地執行決定，以便對自己的行為負責。

當我們在一段感情裡受到傷害或威脅時，就會有受傷的感覺。因此，面對恐懼時，我們需要勇氣才能抑制想要築起防衛心，以及退縮並保持沉默的衝動，接著才能夠跨越出去。已故的心靈導師史蒂芬・雷凡說這是「在地獄中繼續敞開內心」。在受到威脅時，我們被迫得去感受恐懼，不過，我們可以決定回應的方式。只要不放縱自己去攻擊或是退縮到角落，而是尊重自己內心更深層的意圖，就能強化我們所擁有的勇氣。

要擁有無懼，我們得容許自己去經歷厭惡與渴望，而且要應對這兩者。若有強烈的渴望，而且期待的收穫也很高，那麼即便是面對著恐懼，我們還是會致力於往前邁進。我們未必一開始就擁有勇敢的心，而是隨著時間去培養出勇氣。至於起始點，就是現在的此時此刻，把一隻腳往前踏在另一隻腳的前方，如此重複做下去。

66 開口說話前，請牢記「首先是不傷害人」

「Pimum non noce」，或許你曾聽過這句話翻譯成其他語言的說法，其意思是「首先是不傷害人」（First to do no harm）。這是希臘醫學之父希波克拉底（Hippocratic）提出的誓言，提醒醫師在行醫時，務必得堅守特定的道德標準。不過，這句話也可以套用在其他領域，尤其適合人際關係，因為在人際關係裡，大家最想要避免的就是傷害到他人。

幾乎每個人都有過這樣的經驗，沒多久之前還覺得對方既窩心又溫柔，但現在卻對對方感到煩躁、生氣、痛苦或害怕，有股衝動想說出傷害對方的話，或是做出傷害對方的事。大多數人在面對轉眼變成惡魔的對方，通常都可以壓抑想要猛烈抨擊的衝動，但有時候卻完全管不住自己，於是便脫口說出後悔的話。

每個人都會犯錯，但當我們發洩不滿時，目的是想要傷害對方，還是真的只是不小心犯錯呢？雖然我們的意圖並不是要傷害對方，但坦白說，有一瞬間的確就是想要傷害對方。這類陰影衝動通常深藏在內心深處，一旦遇到特殊情況，或是某天過得特別不順、非常疲勞、情緒耗盡或是壓力很大，情緒容忍度就會壓縮得像一張薄紙，那麼深藏的衝動就會爆發了。

雖然我們沒有辦法防止崩潰的情況發生，但可以牢記這句醫師誓言，把發生這種情況的頻率與強度壓到最低。信守不傷害人的誓言，可以讓我們在被激怒時不會輕易受到潛伏在意識表層底下的黑暗力量所影響。當我們與某個人的關係越親近，就越容易被他激怒，畢竟，與期望較低的人相比，我們與重要關係對象的利害關係更大。

說到痛苦，大家常會聯想到身體傷害，不過，還有許多不同種類的非身體傷害，其帶來的痛苦完全不亞於身體傷痛。許多人只要從自身經驗出發，都會知道「棍棒、石頭可以打斷我的骨頭，但說出來的話可傷不了我」這句諺語是錯誤的。

當言語是為了懲罰對方而說出口的，勢必會很傷人。在我們遇過的個案中，有人就曾經同時遭遇身體與情緒上的虐待，更有許多人認為言語傷害大過於身體傷害，因為言語直搗了內心的傷痛和未癒合的傷口。

我們通常會低估言語造成的傷害程度，原因是言語造成的傷害比較看不到。然而，我們都應該要記得，對每個人來說，不論是正面還是負面的語言，力量都不小，所以在你衝動脫口說出之前，暫停一下總是好的！

67 別為了尋求認可，才對他人好

「如果你沒有好聽的話要說，那就乾脆什麼都別說了。」
「對你姊好一點。」
「那樣不好。」

這三句話裡，有哪個字是重複的？
沒錯！答案就是「好」（nice）。
對他人好是很好的，但你有可能對人太好嗎？簡單來說，答案是會的。對人太好的風險是不夠真實，同時也可能不夠誠實，這樣就不好了。字典中，「nice」的定義是「**欣然同意、親切友好、圓滿滿意、性情溫和**」，這些特質都沒有什麼問題，但要是你從小到大都把「好」（nice）當作是取得他人認可的條件，可能就會覺得自己一直都得對所有的人好才行，而且若沒有做到的話，就會被處罰或是失去一段人際關係，那麼這就會是個問題了。

倘若我們覺得自己有義務一定要做到對他人好的話，那麼自己不好的一面就永遠不會出現，像是憤怒、操控、強烈態度、野心、固執等等。否定自己的某些面向，甚至將之妖魔化的話，其結果就是會削弱自我價值感。

「對他人好」與「尋求認可」的需求，是一體兩面的。我們是社會性動物，所以比起被拒絕，大多數人比較喜歡被接受，也想要被喜歡而不是被討厭。不過，倘若情況演變成需要別人的認可才會有良好的感覺的話，那就會是個問題了。

這種情況會發生在我們沒有被接納和自我認可的經歷，因此會嘗試透過其他方式來獲得，像是某項運動或活動的表現特別優異、學業成績出色、喜歡逗人笑、賺大錢等，來證明自己聰明又成功。假使自認為這些都做不到的話，或許就會覺得至少有一件做得到的事情：對他人好！

這裡不是要批評對他人好這件事，更不是要指責那些友善、體貼、善良的人，畢竟這些都是值得稱讚的特質，而且這個世界肯定需要更多的好人。然而，「選擇做為好人」，以及「需要成為好人才會有價值感」，兩者可是有差異的。

當我們覺得自己「需要」對他人好，那麼動機就是出於害怕沒有對他人好的下場。此時，我們會感覺被綑綁了，還會擔心失去自己非常渴望的認可。當我們需要對他人好，就會變成他人之認可的奴隸，以及經過多年強化而獲得之身分的奴隸。倘若一段人際關係是架構在某一方必須有某種特定行為的話，肯定不會持久。

人們建立關係主要的動力，就是希望找到一位能無條件接受自己真實面貌的對象，不需要再玩尋求認可的遊戲，可以盡情做自己，不必隱藏缺點，也不用擔心被拒絕或是被處罰，因為對方依舊會愛自己。

若我們無法接受自己身上的某個特點，也就無法接受這個特點出現在他人身上。大多數人都會有一些個人獨有的，卻可能是自己尚未能完全接受的特質。此外，伴侶一開始可能會覺得我們很甜美、可愛、討喜，但後來卻不再那麼接受我們。同理，我們也會在對方身上找到一些不是那麼棒的面向，並為此開始感到憂愁。

此時，或許我們也會意識到該做重大的決定了，一是試圖改變伴侶或自己，二是下定決心要進一步接受我們自己的這些面向。「接受」不代表要忍受不好的行為，而是要尊重各自的差異，包含喜好、個性和處世之道，同時還要抑制住想要改變對方的衝動。

在我們進一步接受對方的個性特質之後，彼此的關係就會變得更加融洽。試想一下，生活裡只需要做自己就足夠了，沒有義務要持續去尋求認可；對他人好、對人友善，不再是得去落實的義務，而是發自內心的自然情意表達。想像一下，當你與自己和平共處時，會對各種人際關係帶來的影響。這是有可能做到的，也是自我接納的神奇魔力。

68

親密關係除了相互依賴，還要自我倚賴

延續物種的本能驅動我們渴望與人建立關係，因此自然會認為人類生來就很容易相處。然而，對許多人來說，事情不是這麼一回事，特別是在有所承諾的伴侶關係上，情況更是不同。

試想一下，我們所處的文化裡，持續不斷在鼓勵我們要做到兩項完全相反的任務。首先是要尊重那「真實的自我」，我們隨處都會聽到或看到口號、廣告詞、歌名，甚至連軍隊的招募海報上都在勸導我們要「全力展現你的潛力！」、「忠於自己」、「愛自己」、「真切真實」、「成為自己人生的第一名」。這些訊息的內容都沒有錯，因為我們很容易就會忘記來到這個世界上，除了照顧他人，還有其他的原因，所以這類訊息可以提醒我們，避免過著過度自我犧牲的人生。

第二項任務則關乎人際關係，也就是要謀求更大、更廣的利益，而非僅是滿足個人欲望。在旁人的評論裡，「你很自私！」這句話是數一數二令人難受的，它所傳達的意思是：「比起照顧他人，我們不應該更照顧自己」（若這個「他人」正是指責自己自私的對象，那麼語意會更沉重！）。

前述兩項任務的觀點都很正確，但也是所有人際關係遇到挑戰的地方，我們被要求得滿足兩樣最強烈的欲望，即同步實現他人與自我的幸福。大多數人都會偏向其中一個極端；倘若你照顧自己勝過照顧他人，就可能會被與自己相反的對象所吸引，反之亦然。與傾向互補的人建立關係，就可以同時滿足自己與對方的需求。

理論上來說，這個想法相當美好！但實際上並非如此，因為比起擔心被對方拋棄，有些人更害怕會失去自我，所以往往會過度偏向「另一邊」；反之，對某些人來說，比起顧及個體的完整性，他們更害怕失去對方。而這兩種人通常都會相遇。

即便我們會被那些能讓我們發展得更完整的對象所吸引，卻更會堅守自己內心的傾向且完全不自知，此時內心便會出現矛盾。每當雙方把這個內在矛盾帶入兩人的關係裡，就會造成人際衝突，在越演越烈之餘，有時還會演變成分離的下場。

讓另一個人幫助自己培養所缺乏的性格特質，聽起來的確合理，但這麼做卻會令人感到不安。因為這股情緒將會激發雙方想要控制對方行為的反應，進而帶來麻煩。由於兩個相反的欲望要共同存在，內在與彼此之間都可能會出現矛盾，因此，必然會出現不和諧的情況。

差異與衝突並不相同，也未必會引發爭論，其中的挑戰在於要抑制想要爭贏、採取自己意見的衝動。接受「伴侶的傾向有其優點」之後，我們就會開心地感謝對方為我們的人生所帶來的價值。因此，只要有一方停止逼迫對方同意自己的作法是「正確的」，便可以提升安全感，促使雙方在表達想法與傾聽時，更能夠相互尊重。

就算是多年來都怨氣沖天的夫妻，依舊可能把矛盾衝突轉化為感激之情。這需要雙方體認到問題的真實本質，看到問題無關乎對錯，而是沒有收下伴侶雙方的優點，以及願意原諒彼此本來的樣貌。在此，需要解答的問題，並不是「是我，還是我們？」，而是「我和我們」。

只要兩人都接受了對方給自己生命所帶來的好處，並為此表達感激之意，那麼「我」和「我們」的分別自然會消失不見。

在美好的親密關係裡，同時需要「相互依賴」和「自我倚賴」，這兩點並不會相互排斥。若一段關係要真正地蓬勃發展，這兩點可以也一定要同時存在。說不定我們的伴侶正好就是可以協助我們實現這件事的人！

69

我們無法阻擋情緒浪濤，但可以學會衝浪

所謂的「情緒洪水」，是指壓倒性的強烈情緒。由於感受並非理性邏輯可以決定的，所以無從預測。我們也無法阻擋隨時興起的感受；當我們覺得失去什麼時就會哀傷；當我們認為被不公平對待時，就可能會憤怒；而當我們收到驚喜時，則會十分欣喜。感受是不請自來的，該來就會來。

有時候，感受會強烈到讓人無法理性做出反應的程度，也可能伴隨一連串其他的情緒，像是不解、怒氣與不耐可能會一起出現，而愧疚、懊悔與哀傷，以及羞愧、恐懼和沒有價值感，則是會一起出現。

每當我們被各種同時出現的感受影響時，可能會覺得自己已經瘋了。就某些層面而言，我們確實是瘋了，因為各種情緒綁架了平時的思維過程，所以我們不再處於正

常的心智狀態。每個人多少都有過被強烈情緒挾持的經驗，暫時失去了自主能力；有些人可能鮮少遇到這種情況，但有些人卻是一直感覺到自己被挾制住。

有時我們就是會被某種情緒給操控，這是無法避免的。我們可能會產生逃離這種情緒的強烈欲望，因此盡一切努力去擺脫它。但在這種狀態下所做的決定，大多會導致錯誤，因為這時的決策取決於已被扭曲的情緒，使得我們的反應大多會加劇當下的處境。

除非我們能夠中斷這樣的循環，否則就會陷入對處境毫無助益的全面恐慌狀態。唯有讓高漲的情緒冷卻下來，我們才能夠逃離情緒洪水的操控。

這個過程包括下列事項：

- 感受情緒，找出是身體的哪個部位感受到洪水般的壓倒性力道。
- 識別感受，找出可以描述這股感受的詞語，像是洪水、壓倒性、觸發、挾持，或是任何想到的用詞。
- 承認自己的狀態改變了，這可以讓自己處在當下、接受現實，而非逃避體驗。

然後，處理自己對感受的反應。

- 溝通自己的感受，把自己目前的狀態告知伴侶，並把注意力從伴侶身上移開，因為對方正是引發自己情緒狀態的來源。
- 可以考慮暫時隔離；如果真有需要，不一定要獲得對方的許可才這麼做。
- 找出自己的責任，承認自己在這個關係破裂事件中所應負起的責任。
- 扛起責任，坦誠面對彼此被觸發的原因與過程。

被情緒壓垮，並非一個人的過錯。責怪他人也並非不正直的作為，卻未必是正確的作法，因為對方可能會觸碰到自己的脆弱點，進而觸發尚未癒合的傷口，引發強烈的情緒。當我們面臨衝突時，很難保持頭腦清晰，但藉由時間、心力和練習，還是有可能把處境拉回正軌。儘管我們無法阻擋浪濤，卻可以學習衝浪。

70

不閃躲衝突，才能展開真正的互動

閃躲衝突通常是人們從童年時就有的習慣，這往往是焦慮所導致的，起因則是與原生家庭互動的痛苦經驗。「閃躲」是一個確保安全的策略，人們會透過避免引發敵意回應的方式來說話和行事。然而，持續閃躲的習慣所付出的代價十分可觀：

- 無法與他人展開真正的互動關係。
- 加劇無望、無助、埋怨的感受。
- 加深被動性，以及身為受害者的感受。
- 削弱幸福、熱忱、感謝的感受。
- 失去自尊，也無法尊重他人

・失去了能建立關係的感受，尤其是親密關係。

好消息是，就算是習慣閃躲衝突長達數年或數十年的人，還是有可能修復閃躲行為，以下列出幾項準則：

・承認自己會閃躲衝突吧！不必因為自己會閃躲衝突而感到羞愧。
・每當因羞愧感而批判自己時，練習原諒自己。
・原諒你心懷怨恨的對象，若覺得自己還沒有準備好要原諒對方，就原諒自己現在還沒有準備好。
・針對自己養成害怕衝突的習慣一事負起責任，但這不表示其他人沒有自身該負的其他責任。
・若覺得有必要道歉，就表達自己感到歉意的地方。
・宣告自己打算解決因閃躲行為而造成的阻礙。
・感謝伴侶一起為這段關係帶入更多的坦誠與信賴。

不過，我們無法藉由一次談話就完全解決問題。每次談完後，我們可以說：「下次再繼續聊。」即便是行之有年的防衛行為，只要我們溫和且堅定地持續這麼做，就能扭轉陷入僵局的溝通方式。想要展開這樣的過程，永遠都不嫌早，更不嫌晚！

71

當痛處被觸發時，把注意力放在傷口

每個人都有痛處，而所謂的痛處，就是很容易被觸發、會令人迅速產生防衛心及非理性反應的地方。這就像在情感上被戳了一個新傷口。這些沒有獲得充足照料且尚未癒合的痛處，正是在提醒我們需要多花一些愛與關懷，或許是需要原諒，或是需要一點時間。有些人很幸運，痛處並不多，但有些人的痛處則是比較多，甚或相當多。

當我們觸碰到伴侶的痛處時，對方一定會讓我們知道，但他們未必會出聲叫道：「噢！好痛！」更不會禮貌地說：「不好意思，我覺得你剛剛碰到我的痛處了。」而是會發脾氣、大聲吼罵，或是陷入沉默、憂鬱、哭泣，或是你開口詢問：「你怎麼了？」對方卻回應道：「沒事！」

當我們自己被觸碰到痛處時，可能也會有類似的反應。我們會退縮、躲起來、生氣、避而不談，感覺這樣會比較安全，因為揭露自己受傷或害怕的感受，等於是要展露出脆弱面。

觸發他人的痛處，以及自己的痛處被觸發，無關乎「如果」，而是「何時」。由於只有極少數人完全沒有痛處，所以我們要不是被觸發，就是會觸發到他人的痛處。痛處的根源落在人生初期的經歷（通常是年幼時期）；這些經歷讓我們覺得羞愧、害怕承認自己的痛楚，或是擔心會受罰。當時我們接收到的訊息直接或間接地表明：「你怎麼這麼笨？」「你是怎樣？」這些話其實都不是在提問，而是在責難，感覺起來就像是「你讓我感覺很羞愧」、「我受不了了」、「你就跟你爸爸一樣」、「你很自私」之類的威脅或咒罵。

另外，痛處可能也跟我們感到自卑的身體特徵有關，或是關於我們所擁有的性格特質的指控，而我們一向擔心此特質會讓他人反感。只要痛處被觸碰到了，我們都會感到疼痛，但若是被親近的人觸碰到，那股疼痛感還會加劇，而我們的反應通常是展開反擊來保護自己。儘管伴侶並不是痛楚的始作俑者，但對方感覺起來就是兇手。其實，伴侶只是觸發了深藏在我們意識底下的痛楚，這個傷口一直都在且沒有癒合。當我們處在有所承諾的伴侶關係裡，伴侶總是會觸發所有需要修復的領域。

俗話說的好，我們可以把這種經歷視為問題或是機會，而機會能為舊有的恐懼、羞愧、哀痛帶來可能性。與其因為別人給我們帶來痛苦，或是自己受傷而生氣，不如專注在當下以幫助傷口癒合，過程如下：

- **意識**：意識到自己的痛處之後，便能找出自己長久以來採信的限制性想法。在療傷過程中，面對這些想法是非常重要的環節。
- **好奇心**：關注在自己的實際感受之上，而不是「射殺信使」，即瘋狂指責那個點出自己痛處的人。
- **責任**：在我們對敏感議題的自主權上升到更高水準之前，會持續把過錯投射到他人身上，這種投射行為會強化我們對自己的處境感到無能為力的想法。
- **支持**：只要把注意力放在那個需要同情地關注的傷口上，而不是責怪伴侶觸碰到自己的痛處，那麼真正的療傷就算是開始了。
- **脆弱面**：讓伴侶明確知道自己的感受，可以讓伴侶瞭解我們需要從對方身上獲得哪些東西。我們可能只是需要對方更敏感，知道自己觸碰到什麼樣的議題。

藉由提供尊重的回應，情緒反應的循環便會逐漸被強化的信賴感給取代。這種「感覺被挑戰」的反應模式可能已經存在了數年甚或數十年，所以不太可能馬上被非防衛性的反應所取代，不過，只要持之以恆，就可以有所改變。一旦我們終於擺脫了那些一直主宰我們生活的舊行為模式，並感到輕鬆自在時，就不會再走上回頭路了！

72

處理好藏在埋怨背後的需求，抱怨就會消失

查理的經驗談

沒有人喜歡被嘮叨，也沒有人喜歡一直嘮叨。過去，我經常被琳達嘮叨，她總是會提醒我那些答應要做卻還沒去做的事，這讓我很不悅。一般來說，我提供的理由都很充足，卻無法緩和琳達的煩躁感，也無法減輕我被當成小孩對待的怨氣。我們對彼此的反應與反抗，加深了各自已有的各種感受。

我們很容易把自己視為他人錯誤行為的受害者；比起注意到自己應該負責的部分，揪出他人犯錯的地方更加容易。嘮叨者很容易看到對方該被數落的地方，而被嘮叨的人則很容易覺得自己有道理，便會氣憤地回應。不過，對於解決潛在

的問題而言，這樣的回應方式並沒有什麼幫助，通常還會讓情況惡化。

需求沒有得到滿足，導致一方感到被忽略、漠視，而另一方則是感到愧疚，以及被找麻煩、操控、激怒。乍看之下，似乎是嘮叨者的責任比較大，才會導致彼此發生不好的事，但只要詳細探究，很快就會發現關係破裂是因為兩人之間不平衡所導致的。

兩人感受到的不悅情緒，並不是任何一方引發的，而是兩人都沒有好好回應對方所致。比起兩人的關係，雙方皆有各自更在意的地方。這種競相拉扯的考量之處，包含了想要握有掌控權（「沒有人可以告訴我該怎麼做」）、不想要讓人失望、努力維持優越的地位、想要避免出現愧疚和羞恥的情緒。

當我們直接把關係裡的議題提出來，可能會被某些人認為是在嘮叨。我們的表達方式，尤其是是否帶有指控意味，顯然會影響所收到的回應。倘若我們展開對話時，並沒有指控對方的感覺，就可以避免嘮叨與防衛行為的模式。由於一方的需求沒有得到滿足，所以會繼續提出議題，直到滿足需求為止，而且這個過程會不斷重複。如果我們能好好處理藏在埋怨背後的需求，那麼抱怨就會消失。

每當我們抱著好奇心去探尋，而不是逃避、退縮，事態就會開始出現轉變。帶著誠摯的關心，可以讓我們提出有助於把僵局扭轉變為突破的疑問，例如：「你現在需要我做些什麼呢？」隨著彼此關係的連結裡有更多的尊重，能夠加深信賴的行動步驟就會更顯而易見。

此外，雙方都有責任進行這些步驟，同時要出自於愛而非義務。只要有一方深入傾聽對方的擔憂，並承諾會盡全力找到能讓雙方感到被理解的解決辦法，情勢便會有轉變。其實，當我們體認到「無法同時讓雙方滿意的方法，並不是解決辦法」之際，這樣的致力投入就會感覺容易多了。

當下的處境究竟是詛咒，還是一道祝福，完全取決於雙方。只要我們願意張開雙手擁抱這個契機，而不是一股腦兒抱怨，就可以看見潛在的可能性，也就越來越不會關閉心房，最終嘮叨模式也會安詳逝去。

73 缺乏情感誠實的關係，一點都不值得維繫

在各種人際關係裡，「誠實」似乎是一項鮮明的要素，必然是十分重要的一環。但是，這麼多年下來，我們總會訝異地發現，許多伴侶通常沒有坦誠相待，而且總是可以為不誠實找到理由，往往還不會意識到這麼做的後果。

這類人大多都已經習慣將自己的行為合理化，也就沒發覺自己是在對自己和他人不老實。他們會委婉地表示，自己只是說了個小謊、善意的謊言、說錯話、誇張了點、不是真話，目的是要掩蓋自己蓄意製造錯誤印象的事實。

為不誠實進行辯解的更常見說法，包含了不想傷害他人的感受、這沒有什麼大不了的、大家都是這樣、又不會傷害到誰、說了實話會更糟。

不管怎麼辯解，說謊的行為都會造成傷害，只是有時傷害不會立即顯現罷了。我

們遲早都會看到此行為傷及信賴與情感的下場，也會越來越焦慮、埋怨、愧疚。

不誠實不只是沒有說實話，還有其他不同的形式。只要你意識裡的意圖是想要誤導他人，就可以算是不誠實的溝通，而且，有時所謂的謊言並非「說了謊」，而是「選擇不說出口」。

舉例來說，當有一方選擇不揭露與兩人關係有關的資訊，想要隱瞞可能會讓對方感到不悅的消息時，就算是欺瞞行為。「我沒有真的說謊，只是沒有把所有細節講出來。」這就是我們時常從試圖為自己的行為辯解的人那裡聽到的理由。

在美好的親密關係裡，有個十分常見的坦誠特性，那就是「情感誠實」（emotional honesty）。「我的眼睛是藍色的」、「七月有三十一天」、「我的貓叫做雪花」，這些都是「事實誠實」（factual honesty），而情感誠實則是與情感表達有關，也就是傳達與人互動時所產生的感受，像是：「你忘了我的生日，我好失望」、「很謝謝你到花園來幫我」、「你叫我懶豬的時候，我覺得又氣又傷心」。

儘管我們並不需要把每一絲感受到的情緒都分享出來，但有時未能坦誠傳遞感受，將會帶來問題，而且，要是沒有說出來則會留下錯誤印象的話，那就更糟糕了。

琳達的經驗談

我們剛開始交往時，我因為害怕，非常想要避免讓查理不悅，就沒有表達自己的感受。我主要想對查理隱瞞的，就是憤怒的情緒。我很害怕表達自我會激怒他，到時我就不是他的對手了。我從小就會隱藏自己的感受，因為表達出來將會引發很嚴重的後果，特別是我父親的反應更是嚴厲。

我剛跟查理在一起的時候，說真話的程度不是很高。在原生家庭裡，我扮演的是和事佬的角色。由於家裡時常上演火爆場面，為了避免爆發衝突，我會掩蓋自己的痛苦與憤怒。

查理在交往初期就清楚地告訴我，他無法接受我的這種偽裝。他也時常跟我說，每當我說自己很好時，他都知道我並不是真的沒事；他認為，我堅持一切都很好，但根本就不是那麼一回事時，就算是不老實。查理能夠感覺得到，在我的笑臉底下有什麼東西正在醞釀，而我就像是個被發現把手放在餅乾罐裡的小孩一樣，只能羞怯地承認：「嗯，或許不是完全沒事。」

接著，我們展開了對話，這場談話的力道對我們倆來說非常強烈。我們都展現出脆弱面，也對彼此的情感坦誠。查理清楚地讓我知道，兩人能夠具備他所稱的「沒有誆騙的關係」，對他來說十分重要。他也告訴我，儘管他的父母和我的父母一樣存在各自的問題，但他在成長過程裡學到一件事，那就是：沒有情感誠實的關係，一點都不值得維繫。所以，即便真相很難說出口，但只要與兩人的關係有關，就得說出口。查理也說得很明白，他的底線是兩人要針對這一點達成共識，不然就作罷。

當時我已經愛上查理了，希望兩人可以共度一輩子。我十分害怕這個提出難以啟齒的議題的想法，尤其害怕開口談論有關憤怒和需求未獲得滿足的事情，可是我更害怕失去這段關係，擔心我得過著沒有查理的生活。查理的口吻十分堅定，所以我知道他是認真的。對我的人生和兩人的關係來說，這是個重要的轉折點，我展開全新且快速爬升的學習曲線，學習表達那些我這輩子一直都在壓抑和否定的感受。

我肯定沒有做得很好，因為這非常困難，在一開始時更是窒礙難行，但隨著時間過去，我成為了自己所稱的「心靈戰士」。這樣的戰士不是在對抗外在敵人，而是在反抗內在的力量，因為這股力量妨礙了他／她致力投入於真愛所需的真實性與賦權。

從那時候開始，我有了上千次的機會練習培養新的生活方式，而查理也需要學習降低強度，因為有時沒必要那麼嚴厲。我們得學習以尊敬、體諒的態度來對彼此坦誠，也要學習不責備與批判的表達方式。

這個轉變的過程不只是有助於兩人關係的發展，對我自己來說也相當重要。我覺得，歷經這個轉變之後，我成為更為完整的人。我十分感謝查理對誠實這個重要因素有著這麼高的標準，也謝謝他願意堅持下來，陪我逐步練習並熟練。這段婚姻維持五十多年了，在我學到和做到的事情當中，「誠實」所教導的事是最寶貴的！

74

成功的道歉才能真正修復關係

我們全都是很容易犯錯的人，因此每當有需要時，就應該要掌握有效修復關係的技能。儘管我們盡全力地善意溝通了，有時還是無法達到預期的結果。有時候，我們在強烈的情緒下，衝動地開口說話或行事，以至於傷害到他人，並在事後感到懊悔，希望能夠重頭來過。若要修補令人後悔的溝通內容，最好的方式就是道歉。

有效的道歉方式是一門藝術，更是一門科學，以下列出一些思考重點，可以協助你將情勢拉回歸正軌：

- **真誠**：確保道歉是發自內心的，真誠的意思是指「純淨、沒有虛假或偽裝」。若非真心誠意，就不必費心說些什麼了。

- **時機**：對方是否已經準備好接受道歉，若對方覺得很受傷或生氣，那麼就等到對方比較能夠聽進去時再來道歉。
- **意圖**：不要利用道歉來讓對方閉嘴，確保自己的意圖是真心希望修補破裂問題。
- **脆弱面**：試著不要掉入批判，要卸下自己的防衛心。
- **願景**：對於對話的結果抱持著願景。
- **具體化**：避免過於籠統，明確指出自己後悔做了或說了什麼，導致對方感到很痛苦，例如，「我很抱歉你會有這樣的感覺」就不算是道歉。
- **責任**：承認自己做了感到後悔的選擇（例如：打破約定、說了傷人的話、以命令或威脅的語調說話），表明自己做了不好的事，也不給自己找藉口。雖然一次真誠的道歉應該就足夠了，但有時傷害很深時，則需要多幾次道歉才行。
- **補償**：清理自己造成的傷害，恢復到關係破裂之前的狀態。
- **承諾**：告訴伴侶，自己承諾會盡全力避免未來發生類似的事。
- **消除疑慮**：讓對方知道自己從這次經驗中學到重要的一課，並把學到的內容告訴對方。

．**尋求原諒**：若對方還沒有準備好原諒你的話，就尊重對方的回應，並謝謝對方能夠如此坦白。直接表示自己會堅持下去，直到對方肯相信自己為止，就如同自己相信自己會說到做到一樣。

．**耐心**：或許，伴侶需要把失望等情緒表達出來之後，才有辦法準備好接受你的道歉，因此要試著壓抑想要「釐清」的衝動。

．**感謝**：謝謝伴侶願意敞開心房，與自己一起修復兩人關係裡的親善。

只要我們相信可以徹底修復因不成熟的選擇而造成的傷害，就會有動力去運用這些技巧，幫助兩人關係維持在絕佳狀態。成功的道歉不只能把關係修復到破裂之前的狀態，還能夠提升信賴感與理解，真誠的道歉真的很有助益！

75 原諒不是義務，而是給自己和他人的禮物

當身體或是情緒受到傷害後，刻意選擇放下怨恨，這就是原諒。儘管原諒是維繫關係的重要工具，卻很少被拿出來運用。放掉怨恨可能會很困難，因為放棄這樣的感受等於是冒險讓自己再次受到傷害。保持怨恨似乎可以讓自己有多一層保護，所以感覺會比較安全。

然而，所謂的原諒，並不表示得要求自己忘記這次的經歷，而是讓自己從過去的傷痛中走出來，不再被綑綁。這是一份同時給予自己與他人的禮物。然而，我們無法在脅迫之下擁有真誠的原諒，必須得出自於自願才行。一般來說，原諒並非一次性，而是發生在一段時間裡的過程，有時還需要重複數次才有可能達到真正的圓滿。

我們無法強迫自己或他人原諒，卻可以讓自己沉浸在容易寬恕的環境裡。提醒自

己為何想要原諒、想想自己需要寬恕誰、覺得需要誰原諒自己，同時也告訴自己，放下怨恨的話可以獲得什麼。

只要我們區分謬誤的想法與原諒的真理，就可以加速整個過程。以下整理出一些指引，能幫助你過著更平和、體諒的生活。每當你覺得需要原諒他人時，可以思索下列的內容。

- 原諒並不是要替傷害人的人找藉口，也不是要為他們的行為辯解。
- 原諒是內心的工作，未必需要與他人面對面敞開來談。
- 原諒永遠都是一個選擇，所以你不一定要原諒某人。
- 不必因為他人的緣故而選擇原諒，而是為了自己內在的平靜。
- 原諒不是一種道德義務，而是給予自己和他人的實用禮物。
- 原諒這個舉動可以增強自我價值感。
- 你可以原諒某人，但仍選擇與對方保持距離。
- 當自己感覺還沒準備好原諒他人時，請先試著原諒自己尚未準備好。

原諒是一種愛的舉動，可以打開我們的心扉，同時讓自己更完整。越能原諒他人，就越能強化積極正向的特質，像是同理心、耐心、圓滿、謙卑、個人力量（personal power，譯註：指個人可用來掌控生活、下決策的內在力量、自信、能力）等，沒有其他修養可以同時為自己與他人帶來這麼多好處。不滿與抱怨會損害幸福感，而每一次的原諒都可以幫我們從中解脫，這確實是一份持續在給予的禮物。

76

害怕失去，讓人搬出「分開」的威脅大槍

有時，在爭論的過程中，害怕失去的感覺會激發伴侶在情急之下拿出一把大槍揮舞。這把大槍就是間接或直接的威脅，隱藏著分居、離婚或離棄的意思。「你真是不可理喻」、「我受夠這段關係了」、「我已經受夠你、受夠你的神經質了，我要離開這裡！」、「若你想要的是離婚的話，那就離吧！」這類話語都算是一把槍。

通常一個人會出現恐嚇、欺凌、威脅的衝動，是因為他有著強烈的焦慮感。這些威脅往往是為了威迫對方，好讓對方遵從自己的意思，或是放棄原有的想法。

大多數人都有出現這種絕望感的時候，甚至也可能威脅過他人。然而，拿出這把大槍所造成的傷害，可能遠超乎兩人的想像。當然，這並不表示得禁止討論分居或離婚這件事，而是得在兩人都冷靜下來了，不再有恐懼或憤怒，可以理性溝通之際。

把離婚當作為威脅，尤其是在有著強烈情緒反應的情況下，就更有可能造成如此的下場。

當一對伴侶的衝突越演越烈，還拿出離婚來威脅，就會引發巨大的不安與騷動。這是因為離婚是一件終極武器，這核武等級的手段等於是在告知對方，兩人關係已經來到極限，該做出改變了。

這樣的訊息對情勢沒有任何幫助，被威脅的人很難保持開放和真誠溝通，因為強硬的手段只會引發出於恐懼反應的行為。即便使出恐嚇這招的人成功達到了目的，也得為這場勝利付出極大的代價。威脅所造成的傷害與怨恨十分嚴重，還會大大破壞長期的穩定關係。

兩人之間的信賴被傷害的程度之嚴重，可能需要花數週甚至數個月才能修復。雖說我們的威脅是為了恐嚇對方，但結果往往適得其反。被攻擊的對象可能也會以威脅反擊，如此一來就會加深互動時的火藥味。因此，最好的作法就是盡己所能地避免搬出這把大槍，或至少把可能性降到最低。下方列出幾項建議：

・學習運用自己的言語來表達感受與需求，而不是把它當作攻擊伴侶的武器。
・培養展現情感脆弱面的能力。
・獲取一些良好的協助，抱持著有可能找到方法度過難關的願景，建立起合作夥伴關係。
・實踐練習原諒。

我們做這些事情，是為了自己、這段關係、所愛的每個人，肯定不會後悔的！

77

負責任地自我照顧，避免過度付出

查理的經驗談

有一天，我發現自己再度出現受害者的感覺。由於自己一直都在教授和撰寫有關於責任的議題，知道一旦自己感到被某人或某件事傷害時，通常（約有九十九%的機率）表示我得學習新東西了。這天的情況也是如此，我覺得自己的負擔太多、太累，有著滿腹的抱怨，我體認到這些狀況都是因為我扛起太多對自己沒有什麼益處的事情。

當然，有部分的我執著於讓自己成為一個隨時都可以提供幫助的好人。你可以說我是個走在復原之路上的助人者，我甚至還有研究所學位可以證明這一點！

身為一位資深的助人者，我通常都會注意過度付出的徵兆，除了前述的三種感受之外，我還會感到暴躁易怒，掛念著尚未解決的事情。

幸好，這幾年來，只要這些徵兆跑出來（頻率比以前少）挾持我平時的好心情，我都可以敏銳地觀察到。要是我體認到是自己造成這些感受，就會加以校正，好讓自己回到「正常」狀態。目前都不需要花太多時間，通常不會超過幾個小時，有時甚至只需要幾分鐘，我就可以恢復「自我」了。

現在，我在大多數的時間裡都是帶著感謝的心情，周遭的人因此開心許多，同時也讓我自己可以更開心地與自己相處。或許，正因為如此，我很快就會注意到自己何時又變得暴躁了。

我最常用來校正過度付出情況的方式，就是給自己適量且負責任的自我照顧。我會暫時婉拒非必要的事情，並針對讓自己壓力過大的事情，重新談一個可行的計畫，原諒自己再次掉入情緒黑洞裡，也對自己可能冒犯到的人道歉。

對我來說，這種承認錯誤的道歉，並不是為了取得原諒，而是表明了想要對自己的行為負起責任。如此一來，就可以減緩因為我的回應方式導致對方出現不良行為的擔憂，更可以減輕自己的罪惡感。

假若兩人的關係破裂了，對方也要負起部分責任，這是對方自己得去應對的，並不需要我去指明。在我承認自己的責任之後，等於是確認自己的行為所帶來的後果，同時記取教訓，把再犯的可能性降到最低。那些存在已久的行為模式確實不會輕易或快速地消失，但只要我們有明確的意圖與練習，這些行為模式就會隨著時間轉變，出現的頻率越來越少，接著消失。

我不知道自己是否能完全擺脫這個「在負擔過重時會出現自憐與煩躁感受」的毛病，但這並不重要。對我來說，只要能夠減少爆發的可能性，加上採取適當的方法，避免情緒長時間綁架我平時正向積極的態度，就已經足夠了。說不定，我會很幸運地在某天發現自己可以完全擺脫想要過度付出的衝動。我沒有對此特別抱持很大的希望，但凡事都有可能嘛！

78 你是在談論財務議題，還是為錢吵架？

不必由太空科學家或專業研究員來告訴我們，大家都知道伴侶最常吵的是關於金錢的事情。但很奇怪，伴侶需要討論卻談得不夠的議題清單中，「金錢」卻名列前茅。其實這並不矛盾。金錢是一個沉重的話題，由於很少人在談論金錢時有過輕鬆、沒有壓力的對話經驗，所以自然不太願意開啟這個議題，也會傾向把它放在一旁。

一旦把事情放在一旁，即便事態還在悶燒，我們也會傾向忽略這件事，直到聞到燒焦味，才想到要回頭找起火點，到了此時，我們就得趕緊滅火了。因此，我們會發現自己處在緊急情況中，無法好好展現良好的溝通技巧，對話也會變得不夠冷靜及開明。最終，雙方就很難達到有效的對話成果，往後想要避免談論金錢的想法就會更強烈，這就形成了「否決、沮喪、迴避、爭論」的惡性循環。

讀者可能會很好奇是否有機會打破這樣的循環？以及該如何打破？問得好！但更立即的問題是，為何金錢會是個如此沉重的話題？為何一談到金錢就會引發這麼大的情緒反應？我們的文化非常看重物質價值，而金錢能讓我們取得個人和社會認為有價值的物品。此外，金錢也被視為一項工具，可以讓他人或自己衡量自我的價值，進而獲取權力、影響力、價值性、安全性等無形的東西。每個人都得面對這些文化裡共有的觀念，但有些人更容易受到影響。金錢牽連的事情如此之多，難怪對許多人來說是一個敏感的議題。

除此之外，每個人還會帶著各自的過往經歷與未來目標進入一段關係。兩人關係承受著如此龐大的重量，竟然沒有垮掉，真是令人驚訝。不過，這樣的情況看起來像是即將發生一場意外！

儘管穿越這個地雷區是一項重大挑戰，但有些伴侶卻有辦法匯集各自的資源（資產與負債），順利共創美好的生活。以下是我們從這些伴侶身上學到的部分要點：

- **溝通：**練習良好溝通，若還沒有具備這項技能，那麼就多加練習、實踐、培養。

為了讓自己成為好聽眾和有效的說話者，可以尋找所需要的資源與輔導。

・**責任感**：停止責怪他人，專注於自己可以做到的部分，好讓自己更擅長於談論金錢議題。

・**願景**：為了實現共同的願景，好好付出與貢獻自己。

・**支援**：樂於請教比自己更懂財務的人，接受並實踐對方提出的意見與指導。同時也可以建立或是加入互助團體，以利分享彼此對財務管理的理念。

・**優先順序**：努力與伴侶在優先事項和價值觀方面達成共識。

・**自律**：有購物衝動時要自我克制，同時提醒自己，過著沒有罪惡感且安心的生活，將會非常美好。

・**創造力**：一起運用想像力，找出可以讓生活更愉快，但只需要少許花費或甚至免費的活動。

這些項目都是我們可以做到的，而且長久下來有助於培養面對更具挑戰性的財務相關討論。

79

腦海中浮現的預設立場不一定是對的

查理的經驗談

英文單字「project」有許多意思，我們將在本篇同時探討「project」作為名詞和動詞時的涵義。更精確來說，project作為動詞時，指的心理的動作，某本字典給出的定義是「把自己的情緒或渴求轉移或歸咎給他人，尤其是指潛意識裡的作為」。

投射作用（projection）會發生在各種關係裡，每當我們自認為伴侶想要或是需要什麼，或是心情如何的時候，其實就是把自身的經歷投射到對方身上。正如前述同一本字典所下的定義，這種認定屬於潛意識作為，其出發點是：如果自己身在對方的處境裡會有什麼感受。我們不僅沒有覺察到自己當下是照著預設的立場行事，更沒發現這個假設可能是錯的。

遺憾的是，我們自認為很清楚他人當下的需求、想法、感受與渴望，但大多時候其實並不準確。然而，我們大多會把自己的揣測當成「事實」，就算有充足的證據顯示實際情況跟自己的猜想完全相反，像是對方以生氣、受傷、不解的態度回應我們出於善意的「幫忙」時，我們依舊不會質疑自己的想法。

以我個人的經驗為例：我和琳達剛交往時，我們還不是很了解心理學，經常掉入「誤解」裡，進而引發怒火。我們的反應是各自堅信對方是錯的、需要改變，然後試圖「糾正」對方，接著就快速演變成一場大災難。當時我們的預設立場都是認為「對方需要我們去做點什麼」。

我們的預設立場是出於自己當下想要的東西。倘若我們倆有著一模一樣的個性，那麼事情可能就會圓滿解決，但實際情況並非如此。我們的個性不僅完全不同，在很多地方還完全相反。

琳達的個性比較偏向表露情感、外向的一端，而我則是偏往內向、理性的一端。琳達想要的是溫暖與親近，然後可以深入談話，所以她「知道」我一定需要同樣的東西。琳達的想法是，如果我沒有充分瞭解自己對親密感的需求，那麼她就會更靠近我，認為這是在幫助我，因為琳達認為「正常人」都會需要親密感。

在此同時，對於琳達更親近的舉動，我的反應是退縮，強烈渴望一段長時間的暫時隔離。我們倆都拚命地嘗試要把對方拉到自己偏好的一端，導致彼此更加堅持自己的立場。

我們都企圖提供對方最不想要的東西，原因是我們把自己的渴望投射到對方身上，下場自然不太好。幸好，我們最終看到了預設立場的問題。這是琳達先發現的，然後她很有耐性地等我這個慢郎中，最後我終於也看到了問題點。

我所看到的「問題點」就是「堅信自己的想法未必是件好事」，但這不表示不要相信自己的想法，而是既然我們無法阻攔投射行為，但至少可以學習體認到：腦海浮現的預設立場可能是對的，但也可能是錯的。

事實上，除非我能獲取自己想法以外的更多資訊，否則無法真的確定對方心裡在想什麼，況且自己所想的事經常會有偏見。記住這一點之後，我就變得比較有好奇心，也不再那麼篤定，同時有興趣去瞭解對方實際的想法，而不是讓自己的想像與「現實」混淆。我不再那麼執著於自己的立場，以免阻礙我去瞭解眼前的這個人，這也有助於我去釐清對方當下的感受。

接著，我們才有可能去看到、接受，甚至感謝兩人所處的真實狀態，這也是真正的理解與有意義的關係連結會彰顯出來的時刻。只要我們可以擺脫預設立場，移除那些阻撓我們看見「實情」的障礙，就是準備好以夥伴而非敵人的方式合作，在共有的現實處境裡一起努力。以此為出發點，任何事都是有可能的。

80

如果我需要建議，就會開口問你

米拉和喬爾之間有個問題，若以米拉的用語來說，那就是他們之間有個「契機」（opportunity）。看來喬爾患有一種並非罕見的狀況，許多男性及不少女性都有這個毛病，它有時被稱為「你就該這樣做之病」。每當伴侶有一方開始表達對某件事情的感受，像是挫折、困擾、焦慮、失望等等，另一方就會插嘴，提出自認為一定可以解決問題的建議。若你曾收到這種建議，應該很清楚接下來的劇情發展。

米拉和喬爾兩人經常掉入這樣的處境，每次的結果也都一樣。喬爾會在米拉開口講沒幾句話之後，隨即提出自己的智慧之語，接著，米拉就閉口不再說話了，讓喬爾一路說下去，告訴自己需要做些什麼來「解決」問題。此外，喬爾也不等米拉開口謝謝他的智慧之語，就要米拉再三保證她會照著建議去做。對於喬爾每次都這樣提出建議，米拉已經感到厭煩，卻選擇默默忍耐，因為她想避免惹喬爾生氣。

米拉表示，喬爾不喜歡自己提出的建議沒有被採納。要是米拉坦誠地告訴喬爾，自己並不打算接受他的建議，喬爾就會暴怒或生悶氣，但這樣又會讓米拉感到不悅。

米拉：我跟喬爾講述自己心煩的事時，原本是希望可以減輕負擔，但最後卻變成得去擔憂喬爾的情況，免得他生氣。我從來就沒有獲得自己真正想要的，通常是以失望、氣餒的心情收場。可是，我還是閉上嘴，試著去迎合，當個好女孩，就像是小時候學到的那樣。

有一回，正當喬爾在長篇大論時，我忍不住爆發：「你能不能閉上嘴？」在這一瞬間，我們倆都被嚇到了。我看到喬爾陷入沉默，感到很意外。停了許久之後，喬爾最後開口說：「妳怎麼了？」

「我很抱歉！」我就像好女孩那樣因為剛剛亂發脾氣而道歉。然而，在道歉之後，我心裡立即湧出這段時間以來累積的大量沮喪感。我早就應該表達出來的，但現在卻累積到了我們無法再承受的臨界點。這些被壓抑的憤怒，不只是針對喬爾，還有我自己，全都一湧而出。要是過去這些日子以來，我可以誠實一點，沒有埋藏自己的感受，可能就不會這樣爆發了。或許，這將會是溫和的溝通交流，而不是發怒。某種程度來說，我很慶幸事情發展到這個地步，然後我們才真的能夠「完全坦誠」，也打破了數年以來的循環。

在多次的會談裡，喬爾和米拉採取了一些必要作法，來打破困住兩人婚姻的行為模式。米拉向喬爾表示，每當他主動提出建議時，就會讓她覺得喬爾把自己當作小女孩在教訓，而喬爾就像充滿智慧的父親一樣，提的都是好建議，而且都是為了她好。

米拉：我通常不是需要你的建議，只是希望你可以聽我說說話，但有時候是真的想要你提供建議。如果我需要建議，會自己開口問，但我從來沒有機會問，因為你總是會插話，告訴我應該要怎麼做才對，這讓我感覺自己被矮化，地位比你低。只要沒有採取你的建議，你好像就會不高興，讓我覺得不值得向你訴說我的心情。所以，我決定假裝同意你的說法，但我知道自己的內心並沒有認同你。我很抱歉，我應該對你更誠實一點的。

喬爾：我接受妳的道歉。我寧可聽到真心話，也不希望妳假裝聽我的話。

米拉：我也想要這樣，希望你聽我說說話，讓我把心裡的事情講出來，但你似乎是希望我去做你期望我會做的事情。

喬爾：我想，我們想要的是同樣的東西：被傾聽、感覺兩人的心是在一起的，然後也可以感受到給彼此的支持。事實上，我希望你聽取我的建議，是因為我不忍心看到妳心煩。另外，我的確認為，只要妳接受我的指導，就會感覺好一些。每當妳覺得我的建議很有幫助時，真的會讓我感覺很好。

米拉：有時候我確實很需要你的想法，但有時候我更想要的是你可以給我一點時間來表達內心的感受。

喬爾：我要怎麼知道妳是想要聽我的建議，還是只是希望我聽妳說話呢？

米拉：我需要建議的時候會開口問你。如果我沒有開口，就可以假設我不需要。

喬爾：好的。但妳也知道，我已經很習慣給妳那些有智慧的建議，就算妳沒開口問，我可能還是會脫口說出來，那該怎麼辦呢？

米拉：要是我直接跟你說，我只是需要你傾聽，這樣可以嗎？

喬爾：可以吧！我想我應該承受得起，不至於感到崩潰。

米拉：我知道你可以的！如果讓我有機會開口詢問你的建議，我的感受應該會比較好，也會更感謝你提供的意見。

喬爾：好，那就這樣說定了！

接著，他們就給彼此一個吻。

一定要記住這神奇的一句話：「如果我需要建議，就會開口問你。」

81 對自己的痛苦負責，打破積怨的循環

「積怨宛如自己張口吞下了毒藥，卻期待別人死去。」——無名氏

巴布和麗亞是一對結婚將近二十年的中年夫妻，兩人前來諮商時，雙雙表示婚姻狀態非常不好，也覺得應該早一點前來。讓他們的關係破裂得如此嚴重的原因，是兩人無法達成共識，但就跟許多關係陷入困境的伴侶一樣，巴布和麗亞也是一味地怪罪對方。

儘管兩人聲稱問題在於財務方面，但我們很快就觀察到金錢只是表現出來的狀況，而不是問題的根源。長期以來，這段婚姻與家庭的財務都很緊縮。麗亞有一份全職工作，收入穩定且適中，而巴布則是自己做生意，但一直沒有起色，未能達到兩人

的期望。兩人還要撫養四個小孩，所以生活只能算是過得去而已。

麗亞的父親過世後，留下一筆財產，麗亞把這筆錢拿來投資房地產。對此，巴布感到失望，因為他更希望麗亞能把這筆錢拿來當作兩人購屋的頭期款。儘管巴布表明了那是麗亞的錢，有權自行決定，卻還是不滿麗亞最後的選擇。隨著時間過去，巴布的不滿逐漸成為一股積怨，不停想著這個家因為麗亞的自私而陷入貧寒。

對於麗亞的這筆投資，兩人從未聊過彼此的想法，不過，麗亞開始感覺到巴布的狀態不是很好，對自己與小孩越來越不耐煩，性情也越來越悶悶不樂和孤僻。在巴布的心裡，他感到很羞愧，因為自身沒有給家庭提供更多資源，而他表現出來的憤怒則是掩蓋了內心深處的羞恥感。

這段期間，兩人的關係每況愈下。面對婚姻變質，麗亞的處理方式是更加投入於自己的工作和房地產投資。她也發現自己與巴布的關係越來越疏遠，因為巴布不斷在批評，而且他無法滿足家裡的財務需求。就財務而言，麗亞無法信任巴布，因為他自己的事業經營不善。

漸漸地，兩人的關係越來越冷淡、疏離、不滿。由於巴布持續在加深對麗亞的怨恨，而麗亞也不肯坦白表示巴布在財務上不夠負責，所以這段婚姻惡化到兩人會對彼此直接辱罵的地步。

巴布知道自己很痛苦，卻沒有覺察到受苦的主因是自己懷恨在心。由於他不斷地在生麗亞的氣，便更進一步加深「正是麗亞害自己受折磨」的想法。巴布覺得自己是無辜的受害者，即使沒有贏得麗亞的信任，讓妻子相信自己可以做出明智的財務決策，但他認為自己還是有權一起管理麗亞繼承的遺產。

至於麗亞，因為她沒有敞開表明對巴布財務判斷能力的擔憂，以至於喪失了坦誠對話、可能帶來建設性作為的機會。

雖然這讓人很不自在，但隨時提出難以啟齒的議題是有可能的。當有需要卻沒有採取行動，可能就會對關係造成很大的傷害。有時候，內心積怨的人會刻意去激怒對方，因為這麼做可以助長自己心中的憤怒。巴布非常堅持自己的想法是正確的，完全沒得商量，所以也只想要證明自己的怨氣是沒錯的，沒有打算講道理。因此，每當麗亞想要為自己解釋的時候，巴布就會指責麗亞是想要操控自己的人生。

隨著時間發展，麗亞已經進步到能夠開口告訴巴布，自己不願再被指責了，最後還搬了出去。數年過後的今天，巴布仍然無法看清自己受的苦與積怨之間的關聯。就算巴布鮮少與麗亞聯繫，但在他能看清這一點之前，可能還是會繼續待在這個可怕的循環裡走不出來。除非巴布可以接受自己對於遭受的苦痛得負起部分責任，否則就會繼續認為自己是被一位壞女人傷害的無助受害者，而且會持續讓自己籠罩在對麗亞生氣的想法裡，這樣才能更加鞏固自己的看法。

最終能打破這個循環並帶來解脫的行為，乃是接納、負責、理解、疼惜。我們不只是要這樣對待對方，也要這樣對待自己。只要把這幾點帶入生活裡，即便是數十年的積怨也能化解。

積怨往往會擴張到讓人口出惡言和展現惡劣的態度。由於巴布認為麗亞傷害了自己，便想要為自己受到的傷害展開報復。在巴布的潛意識裡，歷經了三個積怨的階段。從第一階段的隱藏怨氣，進入到在言語上羞辱的第二階段，接著來到第三階段，也就是對麗亞表現出不尊重的行為以及情感上的疏離，因為巴布知道冷戰是最能傷害麗亞的手段。

積怨的人有一項具體特質，那就是報復心態。為了減輕自己的痛苦，所以會把自我怨恨（self-hate）投射到他人身上，但這麼做並沒有幫助，只會增加自己與他人的痛苦。巴布未能承擔起自己在這段破裂關係裡應負的責任，因而造成了惡性循環，而且，他為了證明自己的想法是對的，又進一步深化這個循環。唯有巴布願意認知到自己在這場僵局裡負有部分的責任，否則這個循環是不會結束的。

擺脫痛苦的方法就是疼惜自己與他人。巴布該做的，就是意識到在內心積怨會膨脹出太多力量。他必須承認積怨是深具破壞力的行為，也要接受不只是「外面」的人會有這種行為模式，自己也會有。

接著，我們才會開始看到，因為拒絕放下先前的不滿而得付出的代價。只要我們放掉過去，就可以掀開多年以來累積的憤怒與痛苦，隨後就會發現心情變得輕鬆許多，也會有動力發展新的行為模式。

當我們意識到伴侶為自己帶來了需要的東西，而不再把對方視為得閃躲或否決的問題時，就會開始把對方看成夥伴，而不再是敵人了。觀點上的轉變，將會徹底改變兩人的關係，而且往往都會是永久的改變。

82 不再要求對方配合，才可能找到中間點

琳達的經驗談

讀者可能聽說過所謂的「兩步」（two-step），若你在此刻聯想到的是新時代或舊時代的舞蹈狂潮，那也算是對了，但它可不是你現在想到的那種舞蹈。在這支舞裡，伴侶雙方都想要領舞，但對於「正確」的舞步之想法卻與對方完全相反。這支舞無關乎協調彼此身體的距離遠近與動作，而是人與人之間的親密程度與情感連繫。

一九八五年，愛琳・麥肯（Eileen McCann）的著作《兩步：舞向親密》（*The Two-Step: The Dance Toward Intimacy*）問市，當時我立刻就被這書名給吸引了，不

只是出自於職業上的好奇心，我個人也十分感到興趣。我和查理太熟悉這支舞，以自己的方式跳了許多年，但都沒有跳得很好。當時我很氣餒，所以一看到書名就馬上衝去買回來。

作者把這兩種類型的舞者分為「追逐者」（pursuer）與「疏遠者」（distancer），我屬於追逐者，而查理則是疏遠者，這一點都不意外！我們有許多伴侶個案也遇到相同的議題，其中一方時常覺得兩人不夠親近，另一方則常想要有更多分開的時間。兩個相互衝突的欲望形成惡性循環，其中一方越是用力爭取滿足自己的需求，反作用力就會越強，進而增強了惡性循環，失望與抱怨的感受也會加深。

我與查理對個案和兩人的關係許下了承諾，而這承諾也成為驅動力，讓我們具備了強大的動機想要突破這個行為模式，最後也終於找到解脫的方法。雖然作法相對簡單，但我們的歷程一點都不容易。

我們覺得「追逐者」與「疏遠者」這兩個名詞有幾分貶損的意思，便改用「自由戰士」（freedom-fighter）和「連結者」（connector）來稱呼。一段健康的人際關係，同時需要空間與相處，哪一邊多了一點就會導致不平衡，進而帶來更多問題。然而，就本能上來說，我們好像就是會被跟自己有許多不同傾向的對象所吸引。在親密感及交流的頻率與深度上，兩人具備互補的偏好，這並不是自然界的殘酷把戲，而是維繫關係健康平衡的必要條件。

一個惡性循環會被啟動，並非是一方或雙方被觸發所導致的，而是兩人同時試圖做同一件事：拚命要對方按照自己的方式行事，好讓對方更像自己一點。無論是恐嚇、罪惡感、批評、威脅等等，這些操弄手段都只會讓兩人更加陷入這個惡性循環之中。只有在兩人都不再要求對方配合自己的需求，才有可能找到雙方都能接受的中間點，至少是當下可行的中間點。

這些性格上的傾向永遠都不會消失，我們一輩子都得持續處理這些不和諧的差異性，卻不必老是被拉近深淵裡。雖然這些日子以來，我與查理已經越來越知道該如何打破自己根深柢固的舊習慣，但偶爾它們還是會跑出來，不過，被觸發的頻率與強度已經大幅降低，也比以往更能快速處理並往前走。

查理的經驗談

我們剛結婚時，對於琳達希望我可以更親近這一點，我只覺得她要求太多。琳達很努力想讓我們多相處，但在我看來這樣的相處時間太多了，所以我很排斥。尤其是在狀況不好的時候，我會說她的需求是無底洞，因為在我看來，無論我們花多少時間在一起，對琳達來說都是不夠的。

其實，問題不在於琳達的需求難以滿足，而是我給予的關注力品質太糟了。琳達常會覺得我花時間跟她相處的動機是出於義務，而不是因為特別喜歡她的陪伴。所以，琳達認為我與她相處是為了盡到「職責」，然後趕緊完成就好了。在大多數的時間裡，琳達的感受還真是對極了。可是，琳達希望我不只是待在她身旁，而是希望我會想要跟她相處。

不幸的是，琳達越是想要我們多相處，我就變得更加排斥。然而，只要有一方的焦點是放在對方身上，這樣的循環就不會輕易被打破。身為受過訓練的諮商心理師，我和琳達會在彼此身上投射大量的精神疾病，這種「覺得對方生病了」的想法，當然會讓自己漸漸覺得另一半很沒有魅力。

有句話說，你永遠不會對不想要的東西感到滿足。沒有人希望看到對方是因為受到自己的操弄，才給予我們所想要的；如果是因為操弄而獲得的，不管收到多少都不會感到滿足。不過，就算是極為獨立的人，也需要真誠的情感連結。同理，每個人都有需要分開的時間，因為獨處的狀態可以讓我們自我省思。倘若這些需求沒有獲得滿足，那麼就會出現「不安適」（dis-ease），其症狀會讓自己意識到生活中有些需要關注的部分。

琳達和我打破這個循環的方法，就是把注意力從對方的錯轉移到自己身上，同時也盡全力溝通自己的感受與需求，但不會要求對方要負責滿足這些需求。當我不再指責琳達提出的需求之後，琳達開始享受獨處；此外，當琳達不再責怪我需要分開之後，我也越來越珍惜我們兩個人共處的時間。

假使伴侶的傾向比自己更靠往某一端，那麼我們就可以強化自己發展得比較弱的面向。在這個過程裡，我們會變得比較有能力去感受內在的平衡，而不再仰賴伴侶為自己提供所需要的平衡。如此一來，我們就能夠打造更和諧的關係，以及更平衡的生活。然而，面對自己發展較弱的面向，我們需要願意經歷一些不舒服的感受，不過，只要伴侶不把這當成問題，而是視為增進兩人關係的禮物，那麼不自在的感覺很快就會消失了。試想一下，不舒服、不自在可能只是短暫的，但這小小的代價將會帶來很大的好處。

83 有健康的依附，才有順利發展的伴侶關係

一九六八年，英國精神分析學家約翰．鮑比（John Bowlby）完成巨作《依附與愛》（*Attachment and Love*）的第一卷書。書中描述了嬰兒與父母分離後所感受的痛苦。雖然鮑比專注在探究嬰兒與照顧者之間的關係本質，卻也相信人的依附經歷會「從搖籃時期一路帶進墳墓裡」。

將近二十年之後的一九八七年，辛蒂．哈珊（Cindy Hazan）和飛利普．薛佛（Philip Shaver）在戀愛關係裡套用了鮑比提出的概念。兩人發現，讓父母與孩子之間產生情感親密關係的刺激系統，會影響到成人情感親密關係的發展。同時，他們也發現，嬰兒與照顧者的關係，跟成人戀愛關係都有下列幾項特點：

・當對方在身邊並有回應時，會感到有安全感。
・想要親密且親近的身體接觸。
・當無法靠近對方時，會感到不安。
・會想要彼此分享新的發現。
・會以臉部表情交流，展現對彼此的關注與吸引。
・講話時會用「兒語」（baby talk）。

在親密關係裡，有些人會很有安全感，相信伴侶會待在身邊，而且雙方都願意相互依賴。成人在親密關係裡，同樣跟嬰兒一樣，皆會「渴求」依附對象具有回應與陪伴等能力，但情況並非總是如此。對於沒有安全感的人來說，可能就會擔心對方沒有全然愛上自己，所以每當自己的依附需求沒有被滿足時，便很容易感到挫折。還有一些人屬於所謂的「迴避型依附」（avoidant attachment），也就是會展現出不太在意親近的關係，寧可不要太依賴人，或是不要他人太依賴自己。

一九九四年，研究人員茱蒂・菲尼（Judith Feeney）、派翠西亞・諾勒（Patricia

Noller）和維克多・凱蘭（Victor Callan）提出證明，說明了孩童探索外在世界的安全基礎就落在父母身上，而成人對親密關係裡的伴侶也有同樣的需求。具備安全感的成人在遇到壓力時，會尋求伴侶的支持，同樣也會給予伴侶支持。

正如具有安全依附的孩童會展現出良好的適應力與韌性，與同儕相處融洽，深受喜愛，那些具有安全依附的成人也擁有極佳的親密關係，通常喜歡與伴侶相處，其特徵是信賴、承諾、長壽、相互依賴。

心理學家蘇珊・強森（Susan Johnson）在著作《抱緊我》（*Hold Me Tight*）一書裡，談到了成人的安全依附能讓戀愛關係順利發展的重要性，論證了當一個人與伴侶的情感失去連結時，恐懼感就會強烈湧出，並且容易演變成衝突。每當我們覺得沒有安全感時，就會變得焦慮、憤怒、退縮，或是想要控制對方，並且時常想要避免接觸、保持距離，而深藏在這些情緒反應之下的，是想要為自己的生命戰鬥；對安全感的強烈需求感，是本能的反應。此時，若我們感受到情感與肢體上的觸碰連結，便可以緩和這股分離的痛楚。責備、避而不談、閉門躲避的行為，經常會在造成疏離之後引發爭論，但這些行為其實是在發出求救訊號。

事實上，我們在情感上依附並依賴伴侶，差不多就跟孩子依賴父母養育、支援、保護一樣。時下的文化重視獨立，依賴被視為負面行為，但為了讓伴侶關係能順利發展，成人的健康依附是必要的。若在最重要的親密關係裡，無法建立起可靠的情感連結，那麼我們就會蒙受苦痛，可能會感到心情低落、憤怒、沮喪、孤獨，而人類共有的求生機制裡，本來就有這些情緒，還占了十分重要的地位。因此，若沒有人與人之間的可靠關係，人類便會滅亡，而我們多少都知道這一點。

當我們意識到需要哪些東西才能夠讓關係順利發展，就可以開始採取有助於強化關係品質的行動。有所承諾的伴侶關係可以為彼此提供一個容器，裝載共有的意圖，也就是滿足自身與伴侶對安全感的需求。一旦我們全然確信自己擁有安全依附，這股輕鬆的感覺不只會充斥在兩人關係裡，也會成為彼此的避風港，支持讓我們到職場上闖蕩，以及追求深具意義的目標。有人會說，滿足這些需求是我們最重要的人生追求；若不是這樣的話，我們也不知道什麼才是重要的了。

84

想要打造安全感，難免會受傷

安全感：「免於危害、風險、傷害。」（《美國傳統英語字典》，一九六九年。）

在諮商個案裡，我們時常聽到的抱怨就是「我覺得很沒有安全感」，而我們在詢問細節時，會得到各種不同的答案，像是「每次發生問題時，她都會怪我」、「他老是說我哪裡做不好，從來就不會說我哪裡做得好」、「我總覺得自己走在地雷區，只要走錯一步，就會引發爆炸」、「她從來就不聽我說的話」等等。

說到底，這就是一種恐懼，害怕對方的反應會讓人很不舒服。當我們預料到對方有這樣的反應時，或許就會小心翼翼地不透露任何可能讓自己受傷的事情，要是對話延續下去的話，也談不了太深的內容。此時，如果只是談談天氣和運動賽事，並沒有什麼問題，但若想要聊更私密的事情，就得願意展露出脆弱面，前提是雙方必須互有安全感才行。

健全的人際關係最重要的元素，應該就是感到安全的空間了，若無法共同創造這樣的空間，那麼關係就會變平淡、疏離、爭論不休。若伴侶有一方或雙方認為說出內心話可能會被攻擊的話，那麼這段關係裡便是沒有足夠的安全感。除非擁有充足的安全感，否則關係的連結程度至少會讓某一方感到不滿。就一段關係來說，只要有一方覺得不妥，那麼就是有問題！

大多數人都沒有接觸過太多高度情緒安全感的經驗，既然不清楚高度情緒安全感是什麼模樣，或甚至不確定是否真有這種可能性，自然很難主動去做這件事情。

若想要打造安全感，又得要達到無條件、永久穩固，而且不會傷害到自己感受的程度，這是不可能的。我們可以做的是，把會傷害到情感的可能性降到最低，但受傷肯定是難以避免的。我們都是人類，有順遂和不如意的時候，也各自擁有優缺點。就算是最成熟懂事的人，偶爾也會不小心脫口說出不好的話，讓對方當下不禁發出哀嚎聲。還好，多數情況都只是插曲，也都可以修復，而且雙方的關係在破裂過後往往會變得更牢固。

要是我們抱持著完美主義的期望，可能會帶來失望和怨懟。當差錯發生時，若自己是犯錯的一方，那麼就有練習道歉的機會；若自己是被誤傷的那一方，則是有了練習原諒的機會。

以下列出增強安全感的練習方式：

- 在生氣的當下，先暫停一下，做一、兩次深呼吸後，再做出回應。
- 好好反思自己的意圖，瞭解自己期望與伴侶有什麼樣的對話內容。
- 當感覺自己受到威脅時，練習放下防衛心，並且展現脆弱面，好好表達自己的感受。
- 多提出疑問與請求。
- 要記得，大多數人都是很容易受傷的。
- 好好讓自己理解對方的感受。
- 釐清自己的意圖，並表達給伴侶知道。
- 再次向伴侶承諾自己是善意的，而且希望能夠坦誠以待。

・避免過於冗長地解釋為何自己會有這種感覺，也不要為了合理化自己的感受而過度解釋，要盡量把內容縮減到最少。

・成為這世界上最棒的傾聽者。

・尋求去理解對方的感受。

・記住，除非你先展現出自己有多關心對方，否則對方一點都不會在意你到底有多瞭解。

我們最能夠做的，就是盡力去做。藉由練習，將來就有可能變好。練習未必會帶來完美，但肯定會有很大的幫助。幸運的是，我們都有很多練習的機會。

85 拯救自己，對抗關係中的霸凌行為

喬納斯和派翠絲的婚姻維持了七年，但在最後的三年裡，兩人的關係卻越來越糟糕。依據派翠絲的描述，喬納斯拒絕配合她提出的要求，也就是以比較尊敬的態度來回應她的擔憂，對此她感到越來越氣餒。到最後，派翠絲不願意再繼續忍受喬納斯的羞辱，並表示打算結束這段婚姻。喬納斯聽到派翠絲這麼說時，隨即生氣大吼：「你會後悔的！我要你因為拆散我們的家庭而付出代價！」

在分配資產與確認監護權細節的過程裡，喬納斯拒絕配合，因為他知道派翠絲急著想要辦好離婚手續，便刻意把離婚過程拖延了兩年多。

派翠絲說：「我知道他這樣做只是為了折磨我。」

每次兩人要討論接送小孩的時間時，喬納斯總是會口出惡言，更時常當著孩子的

面，直接說出貶低派翠絲的話。為了避免自己受到傷害，派翠絲便詢問鄰居是否願意幫忙接送孩子，這麼一來她就不必直接接觸喬納斯，而這位鄰居十分清楚喬納斯的火爆脾氣，因此欣然同意。

喬納斯沒有再婚，也沒有新的交往對象，數年來，他的心中一直懷抱著憤怒。我們最近一次收到的消息是，喬納斯還沒有走出離婚這件事。儘管他真心愛著孩子，也很想要與孩子相處，但孩子長大成為青少年之後，便拒絕與喬納斯碰面，成年之後更是鮮少與喬納斯聯繫。派翠絲向來都很小心，避免對著孩子說其父親的壞話，但喬納斯卻深信就是派翠絲害得孩子疏遠自己。

喬納斯從未對這段婚姻的破裂負起責任，到處抱怨這是派翠絲的錯，也認為派翠絲從一開始就在策畫離婚。此外，喬納斯的報復想法更是沒有停止過，老是想要傷害派翠絲。他從不知道這段婚姻之所以破裂，有很大的原因是自己的仇恨心態所導致的。至於派翠絲，她最後找到新的伴侶並再婚，而且這次的婚姻幸福多了。

言語和行為具有同樣的破壞力，這一點可能難以想像。即便是為了幫助伴侶而說出口的話語，也可能具有殺傷力。這些言語不帶有尊重，而且又有脅迫他人就範的意圖，可能就隱含著威脅，而不論是明顯還是隱晦的威脅，本質上就是威嚇，因此會損害人與人之間的關係。

派翠絲在回顧之後能夠看出，自己多年來一直容忍喬納斯不尊重自己的態度，在不知不覺中「創造了一隻怪物」，才會讓喬納斯在完全不用承擔後果的情況下為所欲為。由於派翠絲不願意站出來發聲，喬納斯才會加深信念，相信自己可以繼續施虐，而且不用受到任何懲罰。

站出來對抗霸凌行為，是一件很困難的事情，也可能會給自己的身心靈帶來危險，因為當霸凌者感覺被威脅了，可能會加劇攻擊行為。然而，倘若霸凌者的惡劣行為一再被容忍，他們將會變本加厲，所以持續容忍威脅、侮辱、虐待的行為，會讓我們陷入更嚴重的危險之中。

派翠絲最終找到了勇氣、力量與支持，讓自己可以去做心知得做的事，那就是拯救只有一次的生命。有時候，我們就是得做出決定才行。

86

伴侶之間也要共享權力

大多數人都會認同，與其總是某一方握有權力，雙方共享權力會比較好。儘管我們同意分享權力的準則，但要實踐到關係裡卻一點也不容易。一個想法及其最終的實踐，有著一段未知的距離。當我們需要將權力讓給對方時，可能會感到不安。

權力有其代價與好處，而權力代表著能對自己的生活產生影響，也與非常廣泛的體驗有所關聯，包含了自由、安全、控制、保護、愛等，此外，權力也會要求我們對自己的選擇負起責任。假若我們在親密關係中，把自己的部分權力交給伴侶，以換取對方所提供的安全感，或是換得對方所願意承擔的責任，那麼我們可能會懷疑自己是否有能力承受相同的責任。倘若我們一直都沒有嫻熟運用權力，可能就得走過一段陡峭的學習曲線。

權力平衡的情況，未必是全面一致的。伴侶在家務、財務、育兒、庭院整理、社交活動、旅遊規畫、購物等不同領域上各有專長，也分別握有較大的權力，這種情況不算少見。儘管我們渴望擁有更多權力，但要跨入自己欠缺經驗的領域，並且扛下更多的責任，或許會讓人感到害怕，因而遲遲不敢跨出那一步。這股矛盾可能存在自己的內心，也未必會拿到兩人的關係裡來討論，甚至連自己都沒有意識到。

對於權力的重新分配，我們的伴侶可能也會有類似的擔憂。對方可能會因為扛了過多的責任而感到疲憊不堪，期望有朝一日可以卸下責任，或是認為自己是唯一一個能夠把事情「做好」的人。

要是內在衝突沒有解決的話，就會演變成人與人之間的衝突，因為其中一方的矛盾心情會投射到對方身上，接著就會展現在兩人的關係中。發生導致關係破裂的問題時，只要有一方把過錯推給對方，這段關係就可能會陷入惡性循環。在開始檢視既有的權力結構時，我們應該要具體明確地提出自己的擔憂，並說明為何重新思考這段關係的權力平衡對自己來說很重要。

在共享權力的過程裡，涉及了談判、承諾、願景。牢記其中的願景，可以幫助我們持續往渴望的結果前進。一段成功經營的關係，具備的是對兩人來說都可行的權力組成，但就如同其他技能，如果想要上手，就得透過練習來培養權力談判的技巧。我們花越多時間去解決人與人之間的差異性與內在衝突，就會變得比較不害怕處理複雜的感受。我們越是抗拒展開有些彆扭的對話，就會越害怕這類對話，然而，我們越是知道如何以釐清和善意友好的態度來應對差異性，我們的信心就會增加，技能也會升級，這是件好事呀！

87

坦誠說出內心感受，避免感情消失於無形

查理的經驗談

亞倫是我在大學時代認識的朋友，我喜歡他的一點就是誠實。不同於我當時認識的許多人，亞倫是個非常直接的人，完全沒有偽裝，至少我觀察到的他很少有虛假的一面。由於他非常直接坦白，要是講到我不想聽到的真相時，誠實又成了我不喜歡他的其中一個原因。

有一天，我和亞倫約好在他家碰面，然後一起去打手球，但我遲到了十五分鐘。我知道亞倫很守時，所以抵達時也已經想好了說詞：「嗨，亞倫，抱歉呀！我忘了看時間，所以遲到了！」然後，他回給我一個「那種」眼神。

亞倫說：「查理啊！你已經養成習慣了，我得說這讓我越來越不爽了。」

當下我立刻激動了起來。「我的老天爺呀！亞倫，放輕鬆一點吧！我已經說了抱歉，沒有人是完美的，你幹嘛那麼嚴謹，輕鬆一點吧！你自己有時也會遲到！」

面對我的情緒爆發，亞倫的反應很冷靜，他停頓了一下才說：「沒錯，我知道你已經道歉了，我也知道沒有人是完美的，我自己也不完美。我知道你說了你很抱歉，但我還是感到沮喪和失望。對於你沒有遵守我們講好的約定，反而還找藉口，這也讓我很不舒服。你知道嗎？查理，你覺得為何我要花力氣告訴你，你遲到或是沒有遵守約定給我帶來的感受呢？」

我說：「不知道，因為你不爽？」

亞倫說：「或許我是在不爽，但這不是我告訴你的原因。」

我說：「因為你不想讓我好過？」

亞倫說：「不是，也不是這個原因。」

我開始越來越生氣。「我不知道！你直接說！」

亞倫說：「如果我沒有告訴你的話，最後會覺得自己被利用、不被尊重。我會生你的氣，然後這股情緒會影響到我對你的看法，最後就不想那麼常跟你出去。而且，你可能也會感受到，接著我們之間的距離就會開始拉遠。你和我都沒有人提出來的話，我們的友誼就會變淡，最終就會消失，但是我不想見到這樣的結果。」

我停頓了好長一段時間才說：「哇！你覺得事情會這樣演變？你不能就讓事情過去，不要這麼小題大作嗎？為什麼你覺得會變成那樣？」

亞倫說：「因為我和其他朋友之間發生過這樣的事，當時我試著假裝沒事，想要當作那些是沒什麼大不了的事，但事實上卻不是這麼一回事。後來，我發現自己沒有很喜歡某位朋友之後，找出自己心情變化的原因，然後就決定往後都要保持坦誠。就算別人覺得我很蠢，我也要說實話。」

我說：「所以，你是因為不想要看到我們友誼可能會有消失的危險，才把你的感受告訴我嗎？」

亞倫帶點打趣的口吻說：「我想你這樣說也沒錯。」

我有點害羞地說：「哇！嗯……謝謝。」

亞倫說：「不客氣。」

這段故事發生在五十多年前，至今依舊是我人生裡深具價值與影響力的一堂課。後來，我與亞倫成為摯友，隔年我們從大學畢業，又隔一年亞倫結婚，我去當伴郎，然後再隔一年我結婚時，亞倫也成為我的伴郎。我們的友誼一直維繫下來，直到一九九六年亞倫過世時才結束。

這起事件帶來許多啟發，其中最大的收穫就是明白什麼才是最重要的。不論是婚姻、友誼，還是任何一段重要的關係，我們都要明白什麼才是最重要的。

在堅守承諾與誓言上，我們可能會有失誤。我們都會犯錯和失手，偶爾也會失敗。倘若我們有位朋友或是人生伴侶願意冒著惹惱我們的可能性，也要坦誠說出殘酷真相的話，那麼我們真的很幸運，若在此時向對方表示感謝，便展現了自己看重對方、自己與彼此的關係。

在我們收到的禮物中，有些可以用上一輩子，端視我們是否有能力發現其中的價值。我學到的另一堂課，就是願意冒險與他人分享個人感受，但同時也要敏銳觀察和尊重對方能夠接受的程度。我致力投入於這麼做之後，也培養出慷慨、誠實、勇氣、洞察力。我還在持續努力中，也有了一些進展，或許我永遠都做不到「完美」，但沒有關係，因為我就活在一個「不需要完美的地帶」，這對我來說已經很棒了！

88

在事態惡化之前，就要表達不滿

每個人都會有「不滿」這種情緒，它通常源自他人引發的或大或小的麻煩事。有時候，我們可以忽略不滿的情緒，或是讓惱怒的情緒消散，但有時卻不得不去解決。每當我們試圖釐清誤會卻失敗了，並為此苦惱時，這些情緒就會轉變成不滿。

相信「沒有人是完美的」，以及原諒他人的不完美，是兩件不同的事。前者是一個理論，屬於哲學性的抽象概念，後者則是我們實際表達感受的方式。當我們對現實的概念與內在經歷相符合時，內心就會感到平靜，兩人的關係也會是和諧的。假若出現不相符的情況，然後我們又把自身出現的狀況怪罪給對方，要對方對自己的「不安適」負起責任，那麼問題就會浮現，進而傷害到兩人的關係。如果我們無法逐步解決不滿的情況，勢必會損害親善的情感。

絕大多數以分手收場的伴侶，原由並不是戲劇性的暴力或背叛事件，而是被逐日變淡的情感給打敗，而感情之所以變淡，正是因為壓抑了不滿的情緒。

罪惡感、憤怒、羞愧等感受，或許會讓人出現防衛心，並且為自己的行為辯解，否定對方的情緒，甚至還可能會為此展開攻擊，接著就會陷入責怪與防衛的毀壞性循環，相當難以跳脫。

或許我們不想要指出不滿的地方，以為這樣就可以避免愧疚感，並且讓自己有優越感。這些感知上的好處，掩蓋了我們得要付出的代價，而代價就是對伴侶越來越不滿。若要修復因專注於各種缺點「證據」所帶來的傷害，雙方都需要承擔起自己的部分責任。

雖然展開這類對話會讓人感到畏懼，但實際上可能不是這樣。改掉收集不滿的習慣，學習在事態變差之前，以尊重對方的方式來表達感受，你會明顯感覺到被詛咒與感到幸福的差異。一旦養成了把事情表達清楚的習慣，我們就不會想要回到以前的舊模式了。

89

主動表達感激，是最甜蜜的禮物

「appreciate」這個英文單字有兩個涵義。第一個是對某個人或某件事，表達欽佩欣賞之意，例如：「我很感謝你願意對我坦誠」、「我很感謝你在這項專案上投入這麼多時間」。第二個定義是指增值，像是房屋、精品葡萄酒、友誼。至於感激（gratitude），則是對自己所擁有的事物表達感謝的作為。

在培養感激的態度時，要把注意力集中在我們所擁有的，而不是所欠缺的。在這個過程中，我們將會懂得如何欣賞平凡的事物，珍惜那些以前在生活中被視為理所當然的面向。具備感激的態度之後，「謝謝你」這句話就會自然地流露出來，而不再是那種有義務得說出口的話。持續帶著感激的態度生活之後，我們會重新感受到小事物的美好。感激的態度是一個生活儀式，就跟禱告一樣，只要內心浮現感覺，就可以練習表達感激，當然，我們也可以安排在特定的時間練習感激，常見的時間點包含早上剛起床、晚上就寢前、用餐之前等等。我們與當下的感謝心情的連結程度，會影響我們的體驗，越能精準表達自己所感激的是什麼，好處就會越大。

「抗拒改變」可能會以許多形式呈現，像是傾向於愛抱怨，老是深陷在不滿與自憐之中，對於自認為欠缺足夠的金錢、時間、朋友、安全感，以及其他任何東西的感受，解決良方就是學會感激。在我們接觸的個案裡，有些人非常富有，錢多到不知道該怎麼花，卻老是在擔心錢不夠用，覺得自己得賺更多錢才行。縱然這種感知上的欠缺與實際情況不相符，但對這些人來說，這股需求感相當真實。這是因為他們過於專注在自己渴望更多財富之上，便漸漸習慣以欠缺與不足的眼光來看待一切，就永遠都不會滿意。

這股欠缺的感受會蔓延到我們人生的其他面向，其中就包含了人際關係。面對伴侶時，我們看到的很可能是對方沒有提供給我們的東西，卻看不到伴侶付出的部分，這樣的角度經常讓我們產生批判、質疑，甚至是輕蔑的態度，認為是伴侶沒有讓自己幸福。一旦有了這種負面態度，不論你有沒有說出口，伴侶都會感覺被批判。接著，伴侶可能會因為感覺不到被愛、被感謝，然後就逐漸不想要愛了，此時，就真的驗證了你那沒有獲得想要的愛的感覺。要是沒有打破這個惡性循環的話，肯定會帶來十分糟糕的後果。

若要讓自己從惡性循環中解脫，或是一開始就避免讓自己掉入這種循環裡，解決方法就是：認清自己感到失望的原因，或許跟自身的態度比較有關係，與伴侶沒做到的部分比較沒有關聯。雙方可能都忽略了各自在此情況下所扮演的角色，並把責難都推給對方。一旦我們看到自己在這些事務上所扮演的角色後，就比較不會要對方針對兩人的處境負起責任。因此，對方會覺得比較沒有被責怪、沒有羞愧感，也就越願意敞開內心去傾聽，在回應時也比較能放下防衛心。

「帶著感激的態度」這個方法，做起來不難，但也未必容易，主要原因可能是我們很難接受自己在關係破裂問題上得扛起部分責任，難以展現自己的脆弱面，特別是我們花了大量時間在驗證「自己是無辜的」和「伴侶有錯」之後，更會感到困難無比。好消息是，縱然這不容易，卻是有可能的。而且，只要雙方都各自扛起部分責任，那麼轉變就會來得非常快。即便只有一方開始，也可以看到改變，因為在多數情況之下，對方都會一起參與合作。倘若有一方拒絕停止抱怨，並且長時間認為自己是受害者，那麼就需要尋求專業協助了。

刻意選擇把注意力放在真心喜歡對方之處，以及日常生活所喜愛的面向，這是有可能做到的。刻意練習透過感激的角度來看待對方，就可以養成習慣，那麼要表達感謝之意也會變得毫不費力。不是被強迫，而是自主地表達感激之情，這是最純粹的形式，同時也是我們給予伴侶、彼此和所有的人際關係，最為甜蜜的禮物！

90 拒絕應對抱怨，只會助長對方的憂慮

抱怨：「對事件狀態表達的不滿或不快；宣告對狀態感到不滿或不可接受的聲明。」

——《美國傳統英語字典》，一九六九年

查理的經驗談

沒有人喜歡愛抱怨的人，至少當我還是小孩時，每次我對某些規定或是被期望要做到的情況表達不滿時，周圍大部分的大人，不論是直接講或是間接暗示，都是這樣告訴我的。我不是叛逆（嗯，或許有時是），只是想表達自己的觀點，

以及真心渴望搞懂自己無法理解的事情，我想理解的並不是為什麼有這些標準，也不是想知道這些規定是怎麼來的，而是誰握有權力設下這些標準，然後規定事情該怎樣，以及他們如何知道要這樣規定？

我是那種總是愛問「為什麼」的煩人小孩。

「為什麼我們每天都得宣誓效忠國旗？」

「為什麼會有人故意去傷害其他人？」

「為什麼你和媽媽這麼常吵架？」

「為什麼我一定要上大學？」

「為什麼我要等到十六歲才能考駕照？」

還有一個：「如果上帝慈悲愛人，為什麼會讓世界上那麼多人受苦？」

我提出的問題範圍很廣，從相對瑣碎或是個人的小事，到深遠的哲學議題，全部都有。不過，我在小學時就不再提出問題了，因為我從來就得不到答案。

逃避回應某人不滿的方法之一，就是讓對方覺得表達擔憂是錯誤的行為，讓對方抱怨的內容不具有效性。

採取逃避抱怨的作法會有個問題，那就是：拒絕應對的話，潛藏的憂慮並不會自行消失，而且壓抑之後更會助長憂慮。隨著時間發展，這股憂慮就會變得越來越有害，進而損害這段關係的品質。接著，這股不滿就會放大，將會破壞人與人的信賴感，引發不自覺或是蓄意地破壞承諾、被動攻擊、怨恨生根等各種人際關係上的問題。

所謂的「負責任的抱怨」（responsible complaint），就是抱怨者不只是表達不悅之處，指出「得有人來做點事情」的期望，而是承諾自己也會參與執行解決辦法。

然而，即便是不負責任的抱怨，還是值得瞭解一下抱怨者的不滿。不論對方是如何表達自己的擔憂，要是他沒有獲得某種程度的理解，不滿的情緒恐怕會深藏在心裡，然後在某個時間點突然冒出來。

至於在思考該如何表達抱怨，或是該不該提出抱怨之際，要記得，表達方式是決定後續回應方式的其中一個主因。不論是職場、婚姻或友誼，當一個人提出負責任的抱怨，不表示他就是愛抱怨或是在當受害者，而是在意彼此相處的機制，同時還願意冒著可能得罪他人的風險，目的是希望帶出正向的系統性改變，以及避免日後出現不好的轉變。

為了修正需要關注的現況，抱怨是開啟大門的第一步，能點亮我們不樂見的東西，也讓我們看見對彼此來說不可行的作法。倘若雙方都不滿意這段關係，那麼兩人就無法繼續走下去，因此，抱怨是在提供重要資訊，好讓彼此知道兩人的相處之道是否需要調整，以及該改善哪些部分。越快回應這些重要資訊，就能越快落實必要的矯正措施。

若要經營最順遂成功的親密關係和組織機構，就要把負責任的回饋視為有助於體制健康的重要元素。俗話說：「沒有消息就是好消息。」但這句話完全不能套用在沒被表達的不滿上。另外，有句老話是這樣說的：「若不是好聽的話，那就別說話。」它也一樣不恰當！或許，不是父母告訴我們的每件事都是真的。但別對父母說這句話！

91

「證明自己是對的」，每次都是輸！

說到人際關係，或許你聽過這句十分強而有力的話：「你可以證明自己是對的，又或者你可以擁有一段人際關係。」其中，最強大的字眼就是「或者」，因為我們只能選擇其中之一，無法同時擁有。我的朋友艾咪分享過關於「證明自己是對的」的絕佳故事，內容十分震撼人心。

當年，艾咪剛結婚時，跟著丈夫菲利浦飛到英格蘭去拜訪夫家的親戚。當時，菲利浦的母親規畫了一場盛大的聚會，邀來各方親戚，還準備了烤全雞，顯然十分看重這對夫妻。就在聚會的前一天，菲利浦的兄弟提出晚上要幫忙照顧他們兩歲大的女兒，好讓夫妻倆可以去約會。可是，當艾咪的婆婆黛安聽到他們要自己出去吃晚餐，而且沒有邀請自己時，隨即大發雷霆。

儘管黛安本來就不是很好相處的人，但這次的反應卻相當過火，比平時都還要激烈。電話那頭的黛安咆哮大罵，說艾咪很自私、很不周到，居然沒有想到要邀請她一起去吃晚餐。黛安叫罵一頓後，宣布要取消這場盛大的聚會，然後把所有食物都丟進了垃圾桶。

這起意外嚇壞了艾咪，她不只是覺得自己被誤會，也覺得這樣的攻擊很傷人，有被侵犯的感覺。一方面，她想要跟婆婆說「去你的」，然後立刻搭下一班飛往美國的班機離開，但另一方面又覺得很傷心、很失望，因為失去了給菲利浦的家人留下好印象的機會，這兩個強勁的想法彼此拉鋸著。

菲利浦倒是十分支持艾咪，他說：「我不覺得妳有做錯任何事情，是我媽做得太過分。如果妳以後不想再跟我媽有什麼瓜葛，我一點都不會怪妳。所以，如果這是妳的決定，我會支持。」

獲得丈夫的理解與認可之後，艾咪如釋重負，感覺輕鬆多了。冷靜下來之後，艾咪開始思考整個來龍去脈。沒多久，艾咪來到菲利浦身邊，說：「你只有一個媽媽，我無法接受自己以後都不見這個人，這樣很不對。」

後來，艾咪就打電話給婆婆，向她道歉說：「是我想得不夠周到，和菲利浦去吃晚餐，卻沒有想到要邀請妳一起去。我們不常見到妳，所以我們來拜訪的時候，我希望可以把時間用來與妳相處。我希望妳可以原諒我，然後今晚跟我們一起吃晚餐。」黛安收下艾咪的道歉，兩人也修復了受損的婆媳關係。

這起意外發生後不久，艾咪的婆婆就生了怪病。一開始的診斷找不出病因，後來才確定是愛滋病。後來，菲利浦與艾咪才知道，黛安患病初期的其中一種併發症就是失智症，由於愛滋病會干擾大腦運作，將導致爆發一連串非理性的情緒反應，而上次在英格蘭發生的意外插曲，就是此併發症頭一次發作。

黛安被診斷出愛滋病後，沒多久就搬去與艾咪和菲利浦同住。直到黛安過世之前，艾咪一直都是主要負責照顧黛安的人。照顧婆婆的這段期間，成為艾咪人生裡最滿足的經歷，而黛安也有同樣的感受。這兩個女人深愛著同一個男人，因而建立起深厚的連結，這是兩人以前從沒想到的。雖然當時艾咪很年輕，卻有著慷慨又聰慧的靈魂，一肩扛起關係破裂的責任，安定好婆婆的心與靈。艾咪沒有讓自己的內心被傷害與憤怒給塞滿，而是選擇放手，好讓自己可以打從內心與婆婆好好相處。

我們所有人有時都得超越自己，變得更慷慨、更寬容、更負責、更勇敢、更理解，更有同理心。當有人傷害或是嚇到我們，彼此的分歧會爆發成為怒氣，但此時我們就有機會可以練習並強化前述的特質。

瞭解在人際關係裡，「證明自己是對的」不是一種「而且」的決定，而是一種「或者」的選擇，可以幫助我們做出有利於最高優先順序的決策。只要體驗過充滿愛的連結，那豐沛的滋味會讓我們明白「證明自己是對的」只是一個小小的代價，可以換得深刻連繫所帶來的所有美好。人生給我們提供了無數的機會，可以好好練習放下自以為是，而且這種機會到來的次數可能超乎我們所想要的。只要真的去做了，就可以實現與人連結的渴望。以結果來說，「證明自己是對的」每次都是輸的呀！

92

把「勝利」定義為雙方都要點頭滿意

如果你曾經有過痛苦的分手經歷，因為憤怒、恐懼、痛苦、絕望而感到不知所措，那麼你一點也不孤單。就算是關係十分美好的伴侶，偶爾也會有類似的感受。

我們似乎不太可能把這種情況變成一個學習的機會，而且所能期望的最佳結果就是採取足夠的傷害控制措施，以防止事態陷入「災難性」的狀態。然而，即使要這樣做，也不是一件小事。

我們可以盡量避免去做或是說一些可能會讓對方傷心的事，但有時事態卻會在還沒好轉之前就直接惡化了。此時，我們的挑戰就是為彼此的對話帶入更多的親善，把對方視為合作夥伴而不是敵人。畢竟，雙方想要的結果可能是一樣的：同時滿足雙方的需求與渴望，又不會損害到彼此關係的品質。兩人只是對於如何達到目標，各自有不同的策略罷了。

有時候，這看起來似乎是個遙不可及的目標，但是當雙方期望的結果一致時，那麼彼此對於要如何達到此結果的想法差異，或許就會比較容易解決。通常伴侶雙方也得願意多考慮對方在意的地方，而且就算你希望對方採取行動，還是得有一方先跨出第一步才行。此外，放慢節奏、降低音量，也有助於溝通更冷靜、易於被接受，就算沒有幫助，至少也可以避免緊繃的狀態進一步惡化。

除非我們在面臨挑釁的言行時，不再縱容自己築起防衛心或是做出攻擊反應，否則我們面對衝突的回應可能都只是在火上加油。邁向順利經營之伴侶關係的過程，往往是漸進式的，而非一次即可到位。在建立關係的過程中，感覺起來就像是站在非常炙熱的火堆旁，甚至是站在火堆裡。但只要確保兩人的目標就是要滿足雙方的需求，而非只是獲取自身的渴望，那麼不只是彼此的溝通交流會出現轉變，就連關係品質也是如此。不要再有零和思維，這無關乎誰輸誰贏，而是把「勝利」定義為雙方皆要點頭滿意。倘若你覺得這種想法對於「真實世界」來說過於樂觀、不切實際，可以再思考一下。或者，更好的是放手嘗試，可以看看它是否過於夢幻，還是真的可行！

93 別等到關係惡化才來找婚姻諮商

「婚姻是個充滿陷阱的坑，乃是狡猾的神專門為我們設計的，目的是要我們的意識進化。」

——威維．格雷維（Wavy Gravy），美國娛樂家與和平活動家

在有所承諾的伴侶關係裡，時常會有犯錯的陷阱，而且很少人可以避免。我們透過個人經驗與個案得知，許多伴侶一開始相信兩人的關係會是特例，但在生了第一個小孩，或是第一次出現嚴重分歧、失望，或是被最後一根稻草壓垮時，才會發現自己錯了。儘管有些已婚伴侶一路走來很少有嚴重衝突，在婚姻上也獲得大大的滿足，但對大部分的伴侶來說，多少還是會發生意外。

知名專家約翰．高特曼長期研究婚姻議題，他表示，伴侶之間發生問題後，平均要超過六年以上才會尋求婚姻諮商師。這種情況可能解釋了，為何在各種心理諮商裡，大家對婚姻諮商的印象如此負面，滿意度也是最低的。這是因為，拯救婚姻就跟治療癌症一樣，「及早發現，及早治療」才是王道。

不同於以前的世代，老一輩在遇到關係裡出現問題時，會採取「忍一忍就過去」的態度，但現今多數的伴侶並不願意長期容忍不幸福的婚姻，而是會想要修復問題，所以會看書、看影片，參加工作坊或是伴侶靜修營。要是這些資源都用上了，卻沒有什麼幫助的話，他們才會找上婚姻諮商師。倘若你在考慮進行婚姻諮商，那麼在下決定之前（以及之後），可能需要思考幾件事情。

不必等到雙方都完全同意要尋求專業協助之後，才去諮商。只要有一方清楚兩人需要另一個觀點，或許就是該這麼做的時機點了。為了降低因為這個決定而引發爭論的可能性，雙方可以達成「兩人有權在單方面認為有必要時，決定找婚姻諮商」的協議，而且最好事先談妥，而不是在關係開始惡化之後才來討論這件事。

下列有幾項得牢記的要點：

・時機點是關鍵。何時進行諮商是個重要的課題，要是等太久的話，付出的成本太高，而且不只是金錢成本而已，因為問題的糾結越深，就得花更長的時間才能解決。當然，大家可以靠自己努力修復關係，但若成效不彰，那麼或許就該尋求協助了。

・選擇伴侶雙方都覺得可以合作的人選。關於如何才能確定誰是合適的諮商心理師，並沒有通用的解答，不過，重要的是，至少兩人都要認同展開諮商的這位人選。

・在尚未確認諮商心理師採取的方法是否適合兩人之前，諮商心理師就要求進行特定的諮商次數的話，就得格外留心了。

・為了準確評估諮商心理師的能力，以及是否適合自己與伴侶，可以多向諮商心理師提問，包括其學經歷、證書、成功率，甚至是婚姻狀態與歷史。倘若諮商心理師拒絕回答，或是以提出另一個問題的方式來回答你的提問，那麼或許就可以考慮換個人選。

・釐清自己真正想要從諮商中獲得什麼樣的結果。伴侶前來諮商時，會有各種不同的意圖，有些是有意識的，有些則是無意識的。有些伴侶只是想要解決當下的狀態，好讓彼此可以恢復到「正常的相處關係」，但有些伴侶可能想要讓關係有所突破、有新的領悟與成長。

- 諮商心理師只負責諮商，並不是解決問題的人。雖然許多伴侶在一些議題上有不同的看法，卻經常一致認同諮商心理師有責任解決兩人婚姻的問題，不然為何要付錢給諮商心理師呢？但是，實情是伴侶治療（couples therapy）需要兩人都主動回應諮商心理師的意見，而不只是被動接受。
- 婚姻諮商師提供的是協助與指導，幫助你以新的方式與行為模式來看待事物，並把注意力從伴侶的行為移開，改為更關注在自己身上。
- 諮商心理師可能會提供一些作法或建議，以利改變兩人關係的互動，但接下來則是要靠兩人盡可能坦誠面對與參與，同時探索新的可能性。
- 真正的人際關係諮商「工作」，其實是落在每一次諮商面談之間的時間。你們來到諮商心理師的辦公室，將學到許多新資訊，但知道該怎麼做，並不足以帶來真正的改變，因為真正的改變需要兩人在日常生活裡實踐練習，才能加速培養出想要改善的關係特質。

離開諮商心理師的辦公室之後，才是我們練習與實踐的場所，最後才能整合出新的溝通模式，可以促進信賴增長與鼓勵敞開內心，以及放下逃避和防衛心。倘若你覺得在諮商心理師辦公室比較容易嘗試這些改變，那可能是因為在諮商心理師的支持下，有了安全網，所以讓你願意冒險展現更多的情緒脆弱面。

知道自己需要並尋求外在協助，並非脆弱的表現，而是智慧的象徵。我們在第二本書《美好婚姻的祕密》（*The Secrets of Great Marriages*）裡訪問的每一對伴侶，在某個時間點都有遇到需要尋求協助的困難與問題，而他們也都接受了外來的協助。所謂的協助有許多種形式，並非只有諮商，其他還有智慧與鼓勵，以及有過相同經歷的人所獲取的寶貴教訓。考量到這份親密關係的重要性，我們自然要用盡所有可以取得的協助！

94

建設性批評通常沒有建設性

批評：「嚴厲批評、挑毛病、指責，通常都會鉅細靡遺指出不滿意的原因。」

——《美國傳統英語字典》，一九六九年

挖苦、斥責、反對、嚴苛——你是否覺得每當有人開口表示是否可以給我們一些「建設性批評」時，我們經常會感到退卻呢？這個問題其實有點棘手，因為對方可能知道：一、我們其實沒有興趣聽他們的批評，因為如果我們真的想聽，自己會開口詢問，二、我們很難開口說不行，因為這樣會顯示自己不想聽對方的觀點。

倘若我們真的想要聽取建設性批評，那麼就沒什麼問題。不過，如果你聽到對方的意見之後，會想要為自己提出解釋或是築起防衛心，不必對此感到訝異。畢竟，我們無法事先得知對方的批評指教是否會有幫助，而對方也有可能抱著其他目的而來。

舉例來說，幫助遇到困難卻無法解決的人，會讓人感覺很棒，所以對方可能希望我們接受他們的意見，這樣就會有一種自己很有用處的感覺。對方也有可能是想要留下好印象，才要證明自己很有能力。此外，對方也可能想藉由自己的能力來幫助他人更成功、快樂，以便提升自己的價值。再者，對方可能是因為關心我們，才會想要協助，這絕對是好事啊！

然而，不管是建設性批評，還是其他批評，大多數的批評都蘊含著我們會認同或是照著辦的期望。因此，如果我們有防衛心，嘗試解釋為何自己現在還沒準備好這麼做，或是說明為何那對自己來說不可行的話，對方可能就會覺得被冒犯，或是感到十分失望。

如果他人回應的言行讓我們覺得被批判了，我們很自然就會產生防衛心。因此，在這種情況之下，我們面臨的挑戰是要能夠同時看重自己的感受，並且尊重對方。我們不一定要認同對方的回應，才能接受它，同時，我們也要壓抑為自己辯解的衝動，因為這麼做可能會讓對方覺得被批判，然後產生防衛心。

很有幫助的是，要記得每個人的出發點至少有一部分是出自於好意。因此，我們的任務是在聽取對方的回應與批評之後，不要產生防衛心，只要簡單回覆「謝謝！」，或是「我會好好思考一下」、「謝謝你跟我說」，藉此傳達自己有聽到對方說的話了，但不表示贊同或否定。如果對方對你施壓，想知道你是否同意，那麼就坦白表示自己需要花時間想一想，之後才能決定是否要照著對方的話去做。另外，你也可以找找看是否有一些你喜歡、認同或是可以學習的內容，然後回覆給對方。

這些關於他人想要給我們建設性批評時，我們該如何應對的作法，也可以套用在自己身上，也就是當自己有強烈的衝動想要告訴某人，自己認為對方應該要怎麼做、怎麼說、怎麼想、採取什麼樣的態度、成為什麼樣的人的時候。只不過，這次的角色就調換了，換成是我們去詢問對方，自己是否可以提供一些建設性批評。此時，記得暫時隔離一下，再次確認自己提出意見的意圖，三思而後「言」，將可以省去不少麻煩。當然，這些都只是我的看法。

95 自以為幽默的譏笑，有時並不好笑

查理的經驗談

在我生長的家庭裡，每個人都很常使用幽默的玩笑來溝通和逗彼此開心，所以我也學會講雙關語和玩文字遊戲，以便博得父母的關注，因為他們也都很會使用語言。我們最常運用的幽默就是譏笑，因此，我把譏笑當成是一種很正常的自我表達方式。

我學會一逮到機會就使用譏笑式（我父母會說這是「機智」）的回應，以展現我的好腦筋，同時，我也很享受因此收到的文字與口頭讚賞。可是，當我成為被譏笑的對象時，卻時常感到不舒服，甚至還會湧出一股強烈的難受滋味，因為

我被某個人拿來開玩笑了。由於我的家人把譏笑視為正常的事，甚至還因為這讓大家都笑開懷而覺得是很棒的行為，所以我以為這種感受只是自己太過敏感，把玩笑話當真了。

一直到離家之後，我才知道並不是每個人都愛用譏笑這一招，更不是人人都愛聽。這下子，我才發現許多人的家裡是不開嘲諷玩笑的，所以這樣的人會很受傷或是感覺被冒犯，因為在他們看來這是一種羞辱的批判。某一天，我的朋友卡爾跟我說，他一點都不喜歡我下的嘲諷論述，還說我太常譏笑他人了，我的反應就是立刻為自己辯護，指責他的臉皮太薄，開不起玩笑。

感謝卡爾，當時他堅守立場，並要求我以後少說譏笑的話。雖然我和卡爾談過之後，防衛心沒有那麼強了，卻是還不太開心，不只是因為卡爾批評我，還有讓卡爾受傷這件事讓我感到有些失落。

雖然這場談話發生在四十多年前，但我的印象還是十分鮮明。今日的我，萬分感激卡爾，謝謝他鼓起勇氣讓我這個朋友知道，我的行為與所說的話很傷人。卡爾讓我注意到譏笑不好的一面，也讓我知道並不是每個人都會喜歡，也未必會覺得這樣很逗趣。

在被點醒之後，我一直都有注意這一點。時至今日，有時我會發現自己又在嘲諷他人，特別是其他人也在譏笑某人的時候，但我會盡量避免。英文單字「sarcasm」（譏笑、嘲諷）源自於希臘文「sarkasmos」，原本的意思是「撕裂身體」，難怪譏笑時常帶有傷人的特質！儘管多數愛嘲諷的人，總會強烈否認自己有傷害人的意圖，但譏笑本身就間接傳達了潛意識裡的怨恨。雖然我們不一定總是帶有不滿的意思，但還是應該要多留意自己是否經常在譏笑他人，也要明白不是只有棍棒和石頭會傷人，言語也是會讓人受傷的。

要改掉譏笑他人的習慣，一點也不容易，而且，如果這是行之有年的行為，更是不容易戒掉。不過，看到譏笑他人的後果，以及感受到被譏笑的滋味之後，我們恐怕很難縱容自己繼續嘲弄他人。放下譏笑他人的行為，應該是我們能為親密關係所做的最棒的事之一了，這是我這個過來人的建言！

96

展現創意的解決方案，就有機會不開戰

二〇〇七年，我們到克羅埃西亞的杜布尼克市（Dubrovnik）參加研討會，來自不同國家的講者分別分享了群體、個人與國家之間該如何排解糾紛。其中有位世界知名的專家瓊恩・高爾頓（Johan Galtung）是來自挪威的社會學家，創辦了奧斯陸和平研究院（Peace Research Institute Oslo），專長是解決衝突。他已經年過八十歲，卻是現場數一數二有活力的講者。

我們很幸運，在研討會結束之後有機會可以跟高爾頓聊一會兒，幾年前我們去舊金山時，也再度與高爾頓碰面。高爾頓提到他以前曾參與過一次磋商行動，協助調解厄瓜多、秘魯兩國的邊境爭議。就跟許多地方一樣，這裡的邊界是一片水域，但隨著雨季與溫度的變化，這條河川會消失又再出現，這塊引發爭議的土地範圍達五百公里。四十五年以來，「談判」（其實根本就是在吵架）從沒間斷過，雙方也不斷地推遲、逃避，更為此發生過三次血腥的戰事。

雙方都困在同一個心態裡，那就是這塊爭議領地是我的，對方應該直接放棄。過了半個世紀，雙方都吵累了，但完全沒有頭緒，不知道該如何處理才好，後來有人建議他們找高爾頓。高爾頓在聽過說明後所提出的建議，大出意料之外。他建議兩國宣告共同持有這塊爭議區域，完全不用畫邊界，這樣一來，此處可供露營、爬山健行的大自然公園所收取的門票收益，就可以分給兩國。一九九八年，厄瓜多與秘魯簽署了和平協議，正式指定該區域為一座大自然公園。這起事件正是展現創意與友善能轉化衝突的絕佳例子。高爾頓把這種解決衝突的過程稱為「創意統整」（creative synthesis），他本人提供的說明是「把較小的組成元素組合起來，形成一個較複雜的整體，這是當代創意創新與智慧的驅動力」。

其他方案大多是設計來解決兩方的分歧點，但創意統整卻不一樣，其中沒有妥協，最終並沒有讓任何一方感覺犧牲很多，而突破點就在於雙方都表態願意走出二擇一的舊思維。在厄瓜多與秘魯的案例中，即便雙方都感到氣餒，依舊願意參與對話，就算需要暫停休息的時間，還是會安排好回到會議桌的日期，直到完成雙方都感到滿意的共同協議為止。

創意統整可用於國家談判，也可以應用在伴侶關係上。只要遇到一方或是雙方的需求沒有被滿足的破裂問題時，創意皆扮演了至關重要的角色。若是雙方皆表態願意以讓雙方滿意的方式來破除僵局，就可以找到解決方案，而且可能是個長久的解方。

相對於爭論，當我們練習有意識的搏鬥時，這個拉扯的過程往往會變得比較有創意，也比較有可能讓彼此成長茁壯。這其中牽扯到許多事情，而實現自己的渴望與尋求雙方的和諧及合作，這兩件事將不停地相互爭奪主導地位。

在這個過程裡，我們得同時考慮兩個目標，即各自取得的好處，以及相互的滿足感。而在對話時，必須具有親善的精神，最終雙方的心聲才能被聽到、被理解。我們不再抱著不惜一切代價就是要贏的心態，終極目標是要持續對話，直到找到雙方都能接受的解決辦法為止。

在厄瓜多與秘魯談判桌上的成員，能夠以創意統整成功避免戰爭，那麼我們應該也有不開戰的機會！

97

我們都會犯錯，盡早坦誠，盡早修復

「演化就是一個犯錯和矯正錯誤的過程。」

——沙克醫師（Jonas Salk MD），小兒麻痺疫苗發明者

我們所有人都很容易犯下錯誤，只是輕重程度不同，終究沒有人是完美的。雖然我們要盡量減少犯錯的頻率，但也值得花點時間學習矯正錯誤的能力，因為走在人際關係的道路上，我們難免都會犯錯。

其中有個非常常見的錯誤是：為了捍衛自身的清白，把過錯與責任都推給其他人。要是這種防衛行為模式已經存在數年或甚至數十年的話，就會很難擺脫。若要以新行為模式取代舊行為模式，不只是需要時間，也需要多次重複練習。或許在剛開始

的時候，我們的舊行為模式還是會跑出來，甚至我們也抗拒不了各種不健康的衝動念頭。若是遇到無法阻擋自我防衛或是冒犯他人的衝動時，下列幾件事情有助於修復傷害：

- 承認你剛剛做過或說過的事，越早坦誠越好。這麼做的話，或許就可以安慰感到受傷或憤怒的伴侶，降低對方感受的強度，也可以讓雙方的對話少一點情緒、多一點理性。
- 儘管我們需要兩個人才能跳探戈舞，但只需要一個人就可以邀舞。邀請合跳一支修復關係的舞，最好的方式就是有一方（不管是哪一方）先承認關係出現破裂問題，同時扛下自己的部分責任，以及表態想要修復被觸發的各種難受情緒。在這當中有個重點，那就是先跨出第一步的人，不要要求對方也要承認自己在這次問題中的責任。雖然我們希望對方能主動地自行扛下部分責任，但若對方沒有表態的話，我們最好也不要堅持。
- 修復過程的另一個元素是道歉。假使自己因為說了或是做了什麼，感到十分懊悔且想要誠實道歉時，當然可以直接去做，但前提是要真心誠懇才行。所謂的誠懇是，單純出自於懊悔的心意而想要道歉，同時也渴望修復兩人的關係，帶入更多的信賴與親善。倘若你道歉的目的是想要安撫並平息伴侶的情緒，那麼對方很可能會察覺到你不誠摯的動機，也不會特別感謝你這麼做。

- 若情況是自己被不尊重地對待，或是被冒犯了，此時的挑戰是要在不攻擊伴侶的原有個性之下，表達自己的感受，同時也不可以蓄意為了對方的行為或言語而懲罰他／她，但因為這些都是很自然就會出現的衝動，所以很難靠著自我克制來做到，但也不是不可能的事。我們可以試著抵抗想要對自己遭遇的事做出犀利回應的衝動。通常來說，最好的作法是不要反擊，立刻放下嚴厲的言語。假使伴侶道歉了，或是承認自己造成關係破裂的部分責任，那麼「原諒對方」對兩人的關係會很有幫助，但前提是你得準備好要原諒對方。
- 傳達自己的感受與擔憂時，把焦點放在伴侶的言行傷害或是冒犯到自己的這件事上，而不是評論伴侶的個性。在談論是什麼情況讓自己感到難過的時候，要講述伴侶實際上做了或是說了什麼，而不是高談闊論地說著伴侶是什麼樣的人。不要責罵對方，也不要認為對方有不好的個性；反之，我們要明確指出對方的行為帶給自己什麼樣的感受，像是「我的話都還沒講完，你就走掉了，這讓我覺得不受尊重，所以我就生你的氣」、「你提到要離婚的時候，我覺得很害怕，所以就畏懼退縮了」。

・要以個人的感受做為出發點，而不是指責對方，這樣才有助於修復過程，並協助找回信賴感。我們很容易就低估了大多數人都很敏感，容易感到被威脅或責罵。為了能順利修復關係，你能做的一大改變就是盡可能不要使用「你」這個字，因為光是這個字就很容易誘發對方的防衛心。盡可能把「你」全都換成「我們」，例如：「我們之間有個問題，我要努力讓我們可以解決這個問題」，如此將有助於對方變得比較願意傾聽和接受意見。

・當伴侶在說話的時候，就算你認為對方說的內容是錯的，最好不要打斷對方。打斷談話鮮少能夠釐清現況，也無助於增進溝通當下的信賴與尊重感。如果你不認同伴侶說的某個部分，先記在心裡，等到對方講完想說的話之後，你再提出自己的看法。倘若是伴侶打斷你的談話，那麼就告訴對方，自己還需要一點時間就可以講完，並有禮貌地請對方等到自己講完後再提出見解，因為你自己也是等到對方講完才開口。

・切記，即便是狀態最好的親密關係，伴侶之間還是會遇上麻煩。不同於親密關係不佳的伴侶，這類伴侶能夠知道何時該修復關係，同時也願意盡速且有效率地展開修復過程。

前述的幾項要點可以在你打算修復受損的人際關係時，拿出來運用。假使你盡了全力還是沒起作用，那麼就該尋求協助了，但前提是你要先努力嘗試才行！

98

情緒就像髒碗盤，不會自動消失

在親密關係裡，我們都會遇到強烈情緒被觸發的時候，這時我們好像只有兩個選項：一是向外發洩，二是悶在心裡；後者就是隱瞞感受，向自己與他人否認自己內心的情緒。其實，我們還有第三個選項，它看起來可能跟悶在心裡一樣，但有個重點很不一樣，這個選項稱為「清理情緒」。

每次產生不悅的情緒時，我們最一開始的反應就是消除這股不悅，好讓內心可以回到沒那麼困擾的狀態。雖然不是所有情緒都有必要拿出來溝通，但有些情緒反應要是沒有表達出來，恐怕就無法清理掉。

在這個清理情緒的過程中，我們得花時間反思自己能否放掉對他人說的話或做的事所出現的情緒反應，同時又不會感到不完整，也就是事情沒有解決的感覺。把情緒悶在心裡的話，不僅會影響兩人的關係，也會衝擊自己的內在經歷，畢竟就算我們否認自己有這些情緒，它們也不會消失。如果有一種方法能夠中和我們的情緒狀態，讓我們放下痛苦的感覺，那就太好了。

最重要的就是要對自己坦誠，問問自己是否真的把感受清理好了，還是只是悶在心裡不說，但這兩種情況並不好分辨。當我們清理好自己的感受之後，內心就不會再被殘餘的想法或情緒所占據，但如果我們發現自己不停地在為同一件事情困擾，那麼就該找對方談一談了。

儘管事情沒有真的解決，但許多人還是寧可不要直接面對，傾向當作事情已經處理好了，以避免讓人感到不自在的對話。然而，在事發過後的幾分鐘、幾個小時、幾天內，我們會明白終究還是得「談一談」。不論是在內心清理，還是與對方一起，這件事情終究還是得做。雖然早一點肯定比晚一點更好，但承認兩人在事發時並沒有處理這件事情，永遠都不嫌晚。

明確表達自己的擔憂與目的，就是在為有效的對話鋪陳。抱持正向積極的意圖，致力於讓兩人的關係更為完整，如此就是在向伴侶保證我們是善意的，而且態度更是充滿了希望。

所謂沒有處理完的感覺，指的就是我們覺得需要說出來的事情，它可能是後悔（「多希望那天你送禮物給我的時候，我有好好謝謝你」），可能是要表達覺得被侮辱後的反應（「那晚你沒有把我介紹給你老闆，這讓我感覺很受傷」），也可能是一種不滿（「我們約好了，你卻遲到，這是你這週第二次晚到，我想讓你知道這讓我感到失落」）。

表達失望感可能會觸發防衛性反應，但若我們放任感受不管，那麼它們將會繼續損害兩人的信賴感與相互尊重的程度。而且，假若我們沒有讓對方知道某些行為會影響到自己的話，就會增加那些引發失望的行為繼續出現的可能性。

我們並不需要在每次感到失望時就提出來；有些是很微小的失望，就可以直接放下，無須向對方傳達自己的感受。要是我們盡了全力在內心清理情緒，卻仍做不到時，這才是處理不了的失望感。

清理情緒還有一個十分有價值的效用，也就是即便我們無法完全處理內在情緒，但至少已經冷靜下來了，所以向對方談起這件事時，不會再帶著責備的語氣，也不會是一副要打架的模樣，而比較像是邀請對方來理解與體諒。

不管我們要如何處理破裂問題、失望或是挫折，底線就是要保有關係的完整性，移除那些會讓兩人偏離正軌的障礙。沒有處理的情緒就像是水槽裡的骯髒碗盤，若不理會的話，髒碗盤不會消失，也不會自行變乾淨，只會變得更髒、更難清洗。在每段關係裡，必定都會發生無法自行消化的情緒，問題在於發生時，我們是否會正視，以及會如何處置。

99

以「我們之間遇到了問題」來展開對話

我們經常從個案與學生（通常都是女性）那裡聽到的其中一種抱怨，就是伴侶拒絕跟自己對話：「我就是無法讓他對我敞開心扉！不管我做什麼，得到的回應都只有一個字，有時甚至連什麼回應都沒有！」

沒有人喜歡聽到壞消息，但拒絕談論那些感到不自在的議題，有時候會帶來更大的傷害。如果伴侶有一方拒絕對話，不論是直接拒絕或是單純沒有空，都會造成疏離或甚至是輕視的惡性循環。抗拒對話的伴侶，可能會直接抗拒溝通，但也可能是隱晦不說。在直接拒絕時表明「我不想要談這件事！」，時常會伴隨著威脅感，像是在警告自己會懲罰或離開對方。這種互動方式可能會造成意願上的較勁，也就是一方表態不願「屈服」於對方想要對話的渴望。

抗拒對話的一方必須知道一件事，那就是卸下一些防衛心，未必表示自己是妥協於對方的意願，但必須要跳出會造成僵局的非黑即白之想法。關閉心扉的伴侶看起來或許是在生氣，但很有可能是其他情緒在作祟，像是感到害怕。其實，拒絕對話的伴侶時常擔心自己站不住腳，或許會覺得自己不懂得如何表達內心的擔憂。另一方面，主動的伴侶則是擔憂若沒有好好談一談，那麼兩人的關係就會受損。這種情況十分常見，其中一方比較在意兩人關係的穩定性，而另一方則是對自己會失去自由一事十分敏感。

對於有所承諾的伴侶關係來說，關係的連結與個人的自主性都是很重要的面向。每當關係受到威脅時，比較在意關係連結的伴侶會感覺到兩人之間的不平衡，也比較有動力想要去修復，但在試圖拉近與伴侶的距離時，所得到的回應可能沒有那麼熱情，此時主動方所面臨的挑戰，就是放下想要雙手一攤不去管的衝動。當我們遇到這樣的問題時，有個不帶指責性卻能傳達擔憂的表達方式：「我們之間遇到了問題。」

面對兩人之間的連結，除非伴侶雙方具備相同程度的擔憂，否則指出問題的責任就會落在比較有動力的一方。最不可行的作法，就是退讓並忍受變得疏遠和冷淡的關係，因為這樣肯定會引發痛苦與不安。

以下列出幾項有助於打破僵局的指導原則：

- 雙方達成要討論這個問題的協議，假如現在不是好時機，就找一個兩人都可行且同意的時間點。兩人坐下來談的時候，雙方都可以闡述自己的期望，例如：「我希望我們能夠親近一些」。
- 採取積極主動的態度來展開談話，目標不只是要傾聽伴侶，還要理解對方的感受。
- 切記要扛起責任，因為在每個破裂問題中，伴侶雙方皆有各自的責任，扛下自己的部分責任，等於是給予雙方打破責備循環的能力。
- 請記得，就算以前曾經失敗過許多次，還是有機會打破根深柢固的行為模式，所以要抱持著樂觀的態度。
- 帶著可以增進信賴與安全感、尊重，並且保護脆弱面的方式說話。
- 壓抑想要證明自己的立場才正確的衝動。

・一開始是要尋求理解對方，而不是想要對方理解自己。等到伴侶覺得自己抒發的感受被聽到了，再輪到自己去尋求被理解。
・要保有耐心，因為一次談話通常都無法徹底解決這類處境。
・接受漸進式的改善，並且要向對方表示感謝。
・不論結果如何，結束談話時都要感謝伴侶。有必要時，也可以傳達日後還想要繼續討論的盼望。

採取前述的作法，就可以為痛苦難耐的破裂問題帶來重大突破。有時候，微小的矯正就可以發揮很大的作用。

100

擁有快樂的童年永遠不嫌晚

所謂的未竟事務（unfinished business），也可以稱為「待解的議題」，將它套用到人際關係上的話，是指一方或雙方覺得兩人共有的經歷或交流沒有獲得解決，通常會覺得還有事情沒有說，為了尚有未解決的事情而感到不安。然而，許多人過去都有未竟事務，並且帶到今日而影響現有的人際關係。這些未竟事務最早可以追溯到童年初期，導致我們把現有人際關係裡的對象聯想成數年前給我們帶來痛苦的人。可想而知，這種「搞錯身分」或是「移情」的行為，會給現有的人際關係帶來問題。

我們時常會覺得事情沒有獲得解決，是因為沒有好好關懷過往事件所引發的情緒。那些沒有充分消化的情緒，很容易就會被轉移到現在的處境裡，讓伴侶雙方都感到痛苦，此時，雙方要有一定程度的信賴感，而這股信賴感是當初事件發生時所欠缺的。承諾會好好地面對並處理，非常有助於增強安全感，而且這份承諾也表示，即便伴侶說了會讓人感到不舒服的事，自己也保證不會離開或懲罰對方。只要有了這樣的感受，我們就會比較願意讓自己去覺察那些不曾表達出來的感受，也更願意拿出來溝通。

當兩人變得親近之後，過去的待解議題就會浮現出來，也可能會引發不自在的感覺，而這能激發我們去體認過往經歷與現況的關聯性。在這個自我省思的過程中，我們可能會注意到過往的經驗，因為這些舊經歷觸發了類似的威脅感受。這時，別轉身逃避過往的痛苦感受，而是要面對它，我們才有機會療癒。我們可以從下方自我省思的題目開始著手：

- 長期以來，我一直忽視或忽略了自己的哪些需求？
- 我要求伴侶要幫我滿足哪些需求？
- 為了能夠進一步接納自己，我願意承擔哪些風險？
- 為何我會害怕更有自信一點？

・為何我會害怕展現脆弱面？為何害怕包容伴侶？

在我們開始面對這些問題之後，家族世代沿襲的舊有行為模式就會開始改變。當我們能夠尋求想要的，開始尊重自我，同時也要求他人尊重自己，便踏上了療癒受虐或是被忽視的過往經歷的道路。倘若父母是控制狂，那麼我們可以學習藉由與伴侶共同決策來分享權力。我們可以學習相信，自己不會再被任意支配。如果父母因為死亡、遺棄、心理疾病、成癮症等原因而缺席，那我們可以學習爭取自己的需求。

如果父母侵犯了我們的個人界線，那麼我們可以學習檢視內在警報系統，並學習為自己發聲。若生長在混亂、充滿不確定性的環境中，我們可以與伴侶共同打造和諧安穩並可提供安全感的生活。此外，假使我們的成長環境是過於嚴厲的僵化環境，讓我們總是承擔要滿足他人之期望的壓力，那麼可以共同創造一段充滿創意與自在空間的親密關係。

對我們人生早期經歷的創傷有進一步的認知，會讓我們更清楚自己得處理什麼，同時明白自己有多希望可以跳脫兒時防衛行為的禁錮，不讓舊模式在現在的生活裡重新上演，好好享受自由的滋味。

在跳脫防衛行為之後，我們會更容易覺察到防衛行為之下的感受。這些令人疼痛的部分會浮現出來，而它們正好就是我們試圖療癒的地方，也就是被侵犯、遺棄、誤解的痛苦回憶，同時我們也會發現，自己為了被愛而拋棄了真實的自我。

只有在承認自己過往的真實樣貌之後，我們才會有辦法打造充滿愛的伴侶關係，並採收這份親密關係所結的豐盛果實。只要我們把這個願景視為可能實現的目標，就會致力於這麼做。我們必須付出很多心力才能達成目標，但內在擁有的力量遠遠超乎了我們所知道的！

101 為愛付出努力，才有美好的收穫

我們希望，你在閱讀本書談到的見解與指導原則之後，能夠付諸實行，那麼你可能就會明白為何會聽到那麼多人說：「美好的親密關係，需要很大量的工作。」同時，也希望你明白「這就是為愛付出努力」的真正意思！

倘若我們接受挑戰的動力是出自於愛而非恐懼，那麼做起來就會充滿力量，不會感到耗費許多精力。若是為了愛而付出勞力，這個過程所轉變的將不只是你的感受。熟悉「有意識的戰鬥」這項技能，需要練習實踐，而它為生活品質所帶來的改變，不只是處理差異性問題的能力進步了，更會全面影響生活的每個面向。

在本書的最後一篇，我們要點出先前談到的實踐工作的成果，並強調讀者在生活裡繼續執行這些言行時，將會得到的各種好處。不過，無論是自己還是對方，仍然會

有懷疑、受挫、失望的時候，這是很自然的事。舊習慣已經生根，無法立即消失。即便自己已經清楚舊習慣不管用，但要戒除它們所需要的練習次數，會比你認為的還要多上許多。我們需要時間才有辦法讓驅動舊習慣的動機減弱，最後消失不見。然而，在這個過程中，生活會出現明顯的變化，有助於強化自己對自我成長的承諾。

那麼，我們可以期待有哪些好處呢？以下列出其中一些。

- 歸屬感和連結感（sense of connection）。
- 強化自我信任（self-trust）、自我信心（self-confidence）與自尊。
- 共識與和諧。
- 更多的熱情與激情。
- 無條件的相互信賴與守信。
- 更願意承擔人與人之間會有的風險。
- 創造力。
- 純熟的危機管理能力。

- 帶出彼此最好的一面。
- 更深入瞭解並尊重彼此的信念、需求與價值觀。
- 更好的協同合作能力。
- 壓力和焦慮感減輕。
- 實現願景理念。
- 變得更富有。
- 情緒親密與性關係的體驗，會有更大的滿足感。
- 對施與受的啟發。
- 發掘以前從未看到的可能性。
- 感覺受到重視與讚賞。
- 持續加深親善的情感。
- 提升傾聽的能力。
- 改善健康。
- 改善生活品質，變得長壽。

- 感受到被愛，以及接納自己。
- 擴展同理心的能力。
- 感到富足，具備慷慨的心。
- 強化想要充分活在當下的意圖。
- 具體展現感激的精神。
- 更清楚明白人生的目標。
- 更輕鬆、更喜悅、更歡樂、更有樂趣！

前述的清單看起來可能太長或是完全不可能做到，但是我們可以保證這是有可能的。我們多年來合作個案的親身驗證，提供了充足的證據。而我們倆擁有超過五十年有所承諾的關係，自身的經驗也證明了其中的真實性。一九六八年，我們初次見面，一路走到今天，實在是一段不算短的道路。若說我們學到了許多（以及要戒掉）的事，那就太過輕描淡寫了。我們知道，要是我們做得到，那你也可以做到！但是，別只是相信我們說的話，你自己也要去爭取！

致謝

誠摯感謝過去幾年來一路支持及勉勵我們的朋友，藉由親身示範而讓我們瞭解哪些要素可以成就美好的人際關係，而且不只是展現在各自的生命裡。

我們要特別要謝謝史蒂芬和昂德·雷亞（Stephen and Ondrea Levine）夫妻、哈維爾·韓瑞斯與海倫·雷克莉·杭特（Harville Hendrix and Helen LaKelly Hunt）夫妻、蓋伊與凱瑟琳·亨德里克斯（Gay and Kathlyn Hendrix）夫妻、西爾維亞與西摩·布爾斯坦（Sylvia and Seymour Boorstein）夫妻、約翰與朱莉·高特曼（John and Julie Gottman）夫妻，讓我們看到真實愉悅且滿足的親密關係該有的模樣，也展現了打造美好關係所需要的作為。

還要感謝我們的朋友和同事，因為你們的支持，我們才有辦法接下撰寫這本書的挑戰，特別要謝謝蘇珊·坎貝爾（Susan Campbell）、梅蘭妮·喬伊（Melanie Joy）、格雷戈·萊沃伊（Gregg Levoy）、瑪西亞·納奧米·伯傑（Marcia Naomi Berger）。另外，也要謝謝一行禪師和傑克·康菲爾德（Jack Kornfield）在精神上指引我們。還有我們的助理：蒂芬妮·露娜（Tiffanie Luna）、艾倫·費格森（Ellen Ferguson）、莎莉·艾佛森（Sallie Iverson），感謝你們總是在我們身邊協助行政業務，沒有你們，這本書是不可能完成的。

此外，我們還要謝謝琳達的小組成員：瑪麗·阿姆麗塔·艾登（Mary Amrita Arden）、林恩·加洛（Lynn Gallo）、羅伯特·瓦爾迪茲（Robert Valdez）、卡羅琳·萊佛林（Carolyn Levering）、金·卡科斯（Kim Karkos），以及查理的小組成員：道格·艾布拉姆斯（Doug Abrams）、戈登·惠勒（Gordon Wheeler）、馬克·尼科爾森（Mark Nicolson）、里奇·桑尼布利克（Rich Sonnniblick）、班·薩爾茲曼（Ben Saltzman），感謝你們一直以來的支持和鼓勵。

當然也要特別感謝我們的個案、學生、讀者，謝謝你們為了提供自身經驗做為借鏡，分享自己發人省思的勇敢故事，你們就是這本著作的核心要角！

譯者跋　欣賞彼此的不同

婚姻未必適合每一個人，但婚姻卻是個自我成長的絕佳經歷，或許「結婚就是最好的修煉」講得就是這麼一件事。然而，若你跟我一樣沒有踏入婚姻，可能也跟我一樣在意自己的內心感受與人際相處。然而，有時候單身的人其實比有伴的人更為敏感，因為我們有更多時間與空間聆聽自己的內在。簡而言之，已婚與未婚的你，只要在意人際關係與自我成長，想必都會愛上這本書。

琳達與查理，兩位作者以自己的婚姻旅程為經驗談，大方分享兩人跌跌撞撞一路走來的歷程，更舉了許多諮商個案的故事，目的就是讓讀者更容易明白他們想要闡述的要點。所以，這本書讀來輕鬆，透過每一段故事去瞭解各個情境的狀況，很快就能掌握到重點。作者也提供了許多實作建議，可以直接運用到自身周圍的遭遇上，相當實用。

如同作者所言，人與人之間一定有差異存在，其實正是因為差異，所以才會有吸引力，也才會覺得對方很有趣（第1、19章）。只不過，有時差異會引發分歧，但作者告訴我們分歧引發的衝突，其實是一道選擇題而非必然會發生的事（第6、30、31章）。意見不同的時候，爭輸贏真的一點都不重要（第10、28、34、61章），畢竟一件事情都有兩個面向（第17章），而溝通的目的就是為了讓雙方都感到滿足。不過，我們有許多情緒，其實是源於自身內心的不完整（第22章），因此有時第一步是要先處理心裡的舊傷口，也就是先把自己照顧好（第36、100章），此外更得好好追求自我（第38章）。

非常感謝作者，如此有耐心，細細解說人們內心裡的感受與知覺。讀來不僅有種「有人懂我」的興奮感，還有「原來我一點也不孤單」的慰藉。作者提供的實作建議，不只適用於人際關係，也適合自我對話與探索，因此，翻譯完這本書後，我對自己也有了進一步的認識，實屬意外的收穫！

最後簡短地談一下翻譯工作，由於深受兩位作者的溫暖文字打動，所以我在選詞用字上，傾向選擇簡單易懂的文字，對話部分則是盡量達到自然的口吻，期望中文版同樣能為讀者打造出「身歷其境」的閱讀體驗，好讓讀者體會到個案人物的心情，這應該也算是對原文的忠實回應了。此外，兩位作者身為專業的諮商師，自然用了不少心理學領域的專有名詞，而中文版當然也逐一附上原文，提供讀者參考。

盼望這一本溫度滿滿的書，也可以溫暖你的心！

親密衝突不是是非題

帶我們穿越雷區，清晰易懂而真實有用的101守則

An End to Arguing: 101 Valuable Lessons for All Relationships

作　　者　琳達・布魯（Linda Bloom）、查理・布魯（Charlie Bloom）
譯　　者　吳盈慧
特約編輯　洪禎璐
封面設計　丸同連合
內頁排版　菩薩蠻事業股份有限公司
業務發行　王綬晨、邱紹溢、劉文雅
行銷企劃　黃羿潔
資深主編　曾曉玲
總 編 輯　蘇拾平
發 行 人　蘇拾平

國家圖書館出版品預行編目(CIP)資料

親密衝突不是是非題：帶我們穿越雷區，清晰易懂而真實有用的101守則/琳達.布魯(Linda Bloom), 查理.布魯(Charlie Bloom)著；吳盈慧譯. -- 初版. -- 新北市：啟動文化出版：大雁出版基地發行, 2025.06
面；　公分
譯自：An end to arguing : 101 valuable lessons for all relationships.
ISBN 978-986-493-213-9(平裝)

1.婚姻 2.夫妻 3.兩性溝通 4.生活指導

544.31　　114004835

出　　版　啟動文化
Email：onbooks@andbooks.com.tw

發　　行　大雁出版基地
新北市新店區北新路三段207-3號5樓
電話：(02)8913-1005　傳真：(02)8913-1056
Email：andbooks@andbooks.com.tw
劃撥帳號：19983379
戶名：大雁文化事業股份有限公司

初版一刷　2025年6月
定　　價　700元
I S B N　978-986-493-213-9
E I S B N　978-986-493-212-2 (EPUB)